HSI
Hugo Sinzheimer Institut
für Arbeits- und Sozialrecht

Das HSI ist ein Institut
der Hans-Böckler-Stiftung

Band 52
HSI-Schriftenreihe

Gewerkschaftsrechte heute

Sammelband zur Tagung des Hugo Sinzheimer Instituts für Arbeits- und Sozialrecht
am 23./24. Juni 2022

BUND
VERLAG

Bibliografische Information der Deutschen Nationalbibliothek
Die Deutsche Nationalbibliothek verzeichnet diese Publikation
in der Deutschen Nationalbibliografie; detaillierte bibliografische Daten
sind im Internet über http://dnb.d-nb.de abrufbar.

Umschlaggestaltung: A&B one Kommunikationsagentur GmbH, Berlin
Satz: Reemers Publishing Services GmbH, Krefeld
Druck: CPI books GmbH, Birkstraße 10, 25917 Leck

ISBN 978-3-7663-7368-7

www.bund-verlag.de

„Wer das Arbeitsrecht allein im Gesetz sucht, der wird es nicht finden."

Geleitwort zum Sammelband

In Berlin fand am 23. und 24. Juni 2022 der Jubiläumskongress des Hugo Sinzheimer Instituts für Arbeits- und Sozialrecht der Hans-Böckler-Stiftung unter der Überschrift „Gewerkschaftsrechte heute“ statt.

Zugegeben: Es war die Nachfeier des ersten runden Geburtstags. Das HSI wurde am 29.4.2010 gegründet und betreibt seit inzwischen über 13 Jahren arbeits- und sozialrechtliche Forschung. Erst nach der Corona-Pandemie war es möglich, diese Feier auch mit Begegnungen zu verbinden. Und im Geiste Sinzheimers Gewerkschaftsrechte in einer Arbeitswelt im Wandel in den Blick zu nehmen und die Praxis des gewerkschaftlichen Arbeitsrechts mit Wissenschaft und Rechtspolitik zusammen zu bringen.

Angesichts der immensen gesellschaftlichen und wirtschaftlichen Herausforderungen in Zeiten von Krieg und Krisen gab es viel zu diskutieren zu der Frage, welche Rolle Gewerkschaften spielen, sowie welches rechtlichen Rahmens es bedarf, damit Beschäftigte auch in Zukunft befähigt werden, gute Arbeit aus sozialer Selbstbestimmung heraus zu gestalten – durch Tarifverträge, betriebliche Mitbestimmung und Unternehmensmitbestimmung.

Dieser Band stellt einige der Reden, Grußworte und Vorträge der Tagung zusammen und hält damit aktuelle Thesen zur Tarifpolitik in Zeiten der Transformation, zur Rechtspolitik in den Bereichen Tarifbindung, Arbeitskampfrecht und Mitbestimmung, sowie wissenschaftliche Expertise zu diesen Themenfeldern fest.

Wir freuen uns, dass so viele prominente Autorinnen und Autoren ihre Tagungsbeiträge in diesem Band festgehalten haben.

Eine anregende Lektüre wünscht

Prof. Dr. Johanna Wenckebach
Wissenschaftliche Direktorin des Hugo Sinzheimer Instituts

Inhaltsübersicht

Inhaltsverzeichnis

Über die Tagung

Tagungsbericht

Dr. Amélie Sutterer-Kipping (Hugo Sinzheimer Institut für Arbeits- und Sozialrecht der Hans-Böckler-Stiftung)

Am 23. und 24. Juni 2022 hat das *Hugo Sinzheimer* Institut auf dem Kongress „Gewerkschaftsrechte heute" mit über 150 geladenen Gästen aus der Arbeits- und Sozialgerichtsbarkeit bis hinauf zur Präsidentin des Bundesarbeitsgerichts (BAG) und des Präsidenten des Bundessozialgerichts (BSG), aus Wissenschaft, Ministerien, Verbänden und Arbeitnehmervertretungen sowie der Anwaltschaft sein zehnjähriges Jubiläum in Berlin nachgefeiert. Dabei richtete sich der Blick, etwa in den Beiträgen von *Prof. Dr. Wolfgang Däubler* (Universität Bremen) und *Prof. Dr. Michael Kittner* (Universität Kassel/IG Metall), nicht nur auf die Entstehungsgeschichte von Mitbestimmung und Gewerkschaftsrechten – denn an *Sinzheimer* zu erinnern, bedeutet das Arbeitsrecht stets an die Lebenswirklichkeit der Menschen anzupassen.[1] Wo es für *Sinzheimer* also zunächst galt, dem Kollektivarbeitsrecht Durchbruch und Geltung zu verschaffen, gilt es heute, Mitbestimmung und Gewerkschaftsrechte im Zeitalter der Digitalisierung und Dezentralisierung der Arbeitswelt weiterzuentwickeln. Der Betrieb als örtliche und tatsächliche Einheit erodiert zunehmend, was die gewerkschaftliche Betätigung, insbesondere die Kommunikation mit Nicht-Gewerkschaftsmitgliedern, erschwert. Exemplarisch hierfür mag der Essenslieferdienst „Lieferando" stehen, der abgesehen von Verwaltungszentralen keinen Betrieb im örtlichen Sinne betreibt. Die sogenannten „Rider" (Fahrer:innen) erhalten über ein Mobiltelefon Aufträge und holen die bestellte Ware in einem der unzähligen teilnehmenden Restaurants ab, um sie dann dem Kunden bzw. der Kundin direkt nach Hause zu liefern. In Unternehmen wie „Lieferando" gibt es kein „Schwarzes Brett", an dem die Gewerkschaft Aushänge platzieren könnte. Es ist auch nicht möglich, Flugblätter an die Fahrer:innen zu verteilen, weil diese sich potenziell an jedem beliebigen Ort aufhalten können. Auch Firmenparkplätze oder auch nur ein Firmenstandort für die persönliche Ansprache existieren nicht.

Im Sinne *Hugo Sinzheimers*, der als Anwalt, als SPD-Mitglied der Nationalversammlung und als Honorarprofessor Theorie und Praxis in einer Person nahezu perfekt verkörperte, war es auch Ziel dieser Veranstaltung, Theoretiker:innen und Praktiker:innen des Arbeits- und Sozialrechts zusammenzuführen, um über die neuen Herausforderungen der Mitbestimmung und der Gewerk-

1 *Sinzheimer*, Das Problem des Menschen im Recht, Rede gehalten bei dem Amtsantritt als besonderer Professor für Rechtssoziologie an der Universität von Amsterdam am 6. November 1933, S. 13.

schaftsrechte – auch unter europarechtlichen Aspekten – zu diskutieren und nach Antworten zu suchen, denn *„wer das Arbeitsrecht allein im Gesetz sucht, der wird es nicht finden"*. Zum Zweck des Überblicks wird das Veranstaltungsprogramm, dessen Inhalt an Dringlichkeit nicht verloren hat, im Folgenden nachgezeichnet.

A. Erster Veranstaltungstag: 23. Juni 2023

Den Auftakt machte die wissenschaftliche Direktorin des Hugo Sinzheimer Instituts, *Prof. Dr. Johanna Wenckebach*. Sie entwarf in ihrer Begrüßungsansprache (unten S. 31) vor dem Hintergrund der Pandemie und des Krieges Russlands gegen die Ukraine die Agenda für die Konferenz mit folgenden Leitfragen: Welche Rolle kann Arbeits- und Sozialrecht, können Gewerkschaftsrechte heute, in Zeiten wie diesen spielen? Welche Rolle kommt Gewerkschaften und Betriebsräten zu? Welche Handlungsmöglichkeiten haben und brauchen sie?

Nach der Begrüßungsansprache hielt *Inken Gallner*, Präsidentin des Bundesarbeitsgerichts (BAG) Erfurt und Vorsitzende Richterin des ersten Senats, das Grußwort (S. 37). Darin drückte sie ihre Wertschätzung für die Arbeit des Instituts und insbesondere für die Gutachten in der HSI-Schriftenreihe aus, die – so wörtlich – *„stets griffbereit neben ihrem Schreibtisch liegen"*. Anschließend gab die Präsidentin einen Rechtsprechungsrückblick in Schlaglichtern und hob die besonders öffentlichkeitswirksame Entscheidung des BAG zur Darlegungs- und Beweislast im Überstundenvergütungsprozess hervor. Obgleich der EuGH in der Rechtssache CCOO vom 14.5.2019[2] von den Mitgliedstaaten verlangt hatte, Arbeitgeber zu verpflichten, ein „objektives, verlässliches und zugängliches System" einzurichten, mit dem die von Arbeitnehmer:innen geleistete tägliche Arbeitszeit gemessen werden kann, habe der Fünfte Senat des BAG mit seiner Entscheidung vom 4.5.2022[3] an seiner bisherigen Linie zur Verteilung der Darlegungs- und Beweislast im Überstundenvergütungsprozess festgehalten (sog. Zwei-Stufen-Modell).[4] Ein Arbeitnehmer bzw. eine Arbeitnehmerin habe zur Begründung seiner/ihrer Klage auf Vergütung geleisteter Überstunden auf erster Stufe darzulegen, und im Falle substantiierten Bestreitens

2 EuGH 14.5.2019 – C-55/18 – CCOO, NZA 2019, 683, Rz. 40. Vertiefend zur Entscheidung *Ulber*, Vorgaben des EuGH zur Arbeitszeiterfassung, HSI-Schriftenreihe, Band 32, Bund-Verlag, Frankfurt a.M. 2020 (Die Bände der HSI-Schriftenreihe sind unter *www.hugo-sinheimer-institut.de* abrufbar.).

3 BAG 4.5.2022 – 5 AZR 359/21, NZA 2022, 1267; BAG 10.4.2013 – 5 AZR 122/12, NZA 2013, 1100; BAG 12.12.2012 – 5 AZR 355/12, NZA 2013, 1158.

4 Kritisch *Heuschmid*, NJW 2019, 1853; *Temming*, NZA 2021, 1433, 1438 f.

auch zu beweisen, dass er bzw. sie Arbeit in einem die Normalarbeitszeit übersteigenden Umfang geleistet oder sich auf Weisung des Arbeitgebers hierzu bereitgehalten hat.[5] Auf der zweiten Stufe habe der Arbeitnehmer bzw. die Arbeitnehmerin darüber hinaus darzulegen und gegebenenfalls zu beweisen, dass der Arbeitgeber die Überstunden angeordnet oder gebilligt hat oder dass die Überstunden jedenfalls zur Erledigung der geschuldeten Arbeit notwendig waren.

Derweil hat der Erste Senat des BAG unter Vorsitz seiner Präsidentin *Inken Gallner* entschieden, dass Arbeitgeber nach unionskonformer Auslegung des § 3 Abs. 2 Nr. 1 ArbSchG schon jetzt verpflichtet sind, ein System einzuführen, mit dem die von den Arbeitnehmer:innen geleistete Arbeitszeit erfasst werden kann. Zur Umsetzung der EuGH-Entscheidung sind alle Träger öffentlicher Gewalt, und damit der Gesetzgeber, die Verwaltung und die Gerichte, verpflichtet (sog. Anwendungsvorrang des Unionsrechts). Ausgangspunkt war eine Streitigkeit eines Betriebsrats mit dem Arbeitgeber, ob und inwieweit ihm im Rahmen seiner Mitbestimmungsrechte nach § 87 BetrVG ein Initiativrecht zur Einführung eines elektronischen Zeiterfassungssystems zusteht. Das BAG hat in seiner Entscheidung vom 13.9.2022 ein Initiativrecht des Betriebsrats abgelehnt und auf den Eingangshalbsatz des § 87 BetrVG verwiesen, wonach es ein Mitbestimmungsrecht des Betriebsrats nur geben kann, soweit eine gesetzliche oder tarifliche Regelung nicht besteht. Die Regelung findet der Erste Senat schließlich in einer Generalklausel des Arbeitsschutzgesetzes (ArbSchG). Der Umstand, dass die inhaltlichen Vorgaben zur Arbeitszeit im Arbeitszeitgesetz geregelt sind, lasse nicht den Schluss zu, dass sich eine Pflicht des Arbeitgebers zur systematischen Erfassung sämtlicher Arbeitszeiten nicht auch aus dem Arbeitsschutzgesetz ergeben könnte. Der Aspekt der Arbeitszeit, der einen nicht unbedeutenden Bestandteil des Arbeits- und Gesundheitsschutzes der Beschäftigten darstellt, sei aus dem Anwendungsbereich des Arbeitsschutzgesetzes (§ 1 ArbSchG) nicht ausgenommen. Gerade § 5 Abs. 3 Nr. 4 ArbSchG zeige, dass auch die Arbeitszeit als unmittelbarer Gefährdungsfaktor zum Regelungsgegenstand des Arbeitsschutzgesetzes gehöre. Der Rückgriff auf § 3 Abs. 2 Nr. 1 ArbSchG überzeugt, denn die Arbeitszeiterfassungspflicht dient in erster Linie dem Gesundheitsschutz oder mit den Worten der Präsidentin in der Verhandlung: *„Zeiterfassung ist ein Schutz vor Fremd- und Selbstausbeutung"*.[6]

Abschließend stellte *Inken Gallner* die laufenden Projekte des Bundesarbeitsgerichts vor. Seit 2022 wurden Wissenschaftler aus München und Berlin damit

5 BAG 4.5.2022 – 5 AZR 359/21, NZA 2022, 1267, Rz. 15.

6 Siehe „Stechuhr-Urteil: Arbeitszeiterfassungspflicht", 14.9.2022 (abrufbar unter: Bundesarbeitsgericht: Die Stechuhr kann in Deutschland zurückkehren | ZEIT ONLINE).

beauftragt, die NS-Vergangenheit früherer Richter:innen und ihren Einfluss auf die Rechtsprechung des Bundesarbeitsgerichts zu untersuchen. Mit der Machtergreifung der Nationalsozialisten 1933 war *Hugo Sinzheimer* als Jude, Sozialdemokrat und Gewerkschaftsberater gezwungen, mit seiner Familie in die Niederlande zu emigrieren. Der Blick auch in die Schicksalsgeschichte *Hugo Sinzheimers* zeigt, wie wichtig es ist, dass sich Jurist:innen nicht nur als unpolitische Rechtstechniker:innen verstehen, sondern die Werte des Grundgesetzes – die Würde des Menschen, die individuelle Freiheit und die gesellschaftliche Vielfalt – leben und verteidigen. Das Projekt formuliert bereits jetzt eine Verpflichtung für die Gegenwart.

Einen Blick auf die Entwicklung der Mitbestimmung und der Gewerkschaftsrechte in Zeiten der Transformation warf sodann *Jörg Hofmann*, erster Vorsitzender der Industriegewerkschaft Metall (IG Metall), in seinem Festvortrag (S. 55). Zur Gestaltung der Transformation brauche es eine umfassende Reform der Betriebsverfassung mit robusten Schutzfunktionen. Auch im digitalen Zeitalter müssten Arbeitsrechte unvermindert gültig sein. Nur so würden aus Betroffenen Beteiligte, die den Strukturwandel im Betrieb mitgestalten und zum Gelingen der Transformation beitragen. Längst sei erwiesen: Mitbestimmte Unternehmen sind innovativer, wirtschaftlich erfolgreicher und nachhaltiger. Gewerkschaften bräuchten daher ein digitales Zugangsrecht in die Betriebe und sie müssten betriebliche Kommunikationswege nutzen können.

Der Wandel könne nicht über die Köpfe der Arbeitnehmer:innen hinweg gelingen, sondern nur gemeinsam mit ihnen und auf Augenhöhe mit den Arbeitgebern. Reformbedarf sah *Jörg Hofmann* auch bei der Qualifizierung und Weiterbildung. Der digitale Wandel werde viele Jobs überflüssig machen – aber auch neue schaffen. Deutschland müsse zur Weiterbildungsrepublik werden. Dieser doppelte Strukturwandel werde nur mit einer aktiven Industriepolitik gelingen und mit einer Bundesregierung, für die der technische und gesellschaftliche Fortschritt Priorität habe. Denn Strukturwandel dürfe nicht zu Strukturbrüchen führen.

An den Vortrag *Jörg Hofmanns* schloss sich der Gastvortrag von *Prof. Dr. Sabine Pfeiffer* (Soziologin mit Schwerpunkt Arbeitssoziologie an der Friedrich-Alexander-Universität, Erlangen-Nürnberg) zu Gewerkschaften in der Transformation an. Das Hybride gut zu gestalten, sei nun die eigentliche Gestaltungsherausforderung. So werde auch beim Homeoffice oft übersehen, dass es nicht mehr nur um das mobile Arbeiten und die Ergonomie zu Hause gehe, sondern inzwischen um das „Recht auf den Betrieb als sozialem Ort". Wichtig bei den hybriden Modellen sei, dass man darauf achte, dass Kolleg:innen immer wieder die Möglichkeit haben, im echten Leben aufeinanderzutreffen, auch für informelle Momente. Anders gewendet geht es um das Recht auf kollegiales Zusammenleben. Zum Schluss appellierte *Prof. Dr. Sabine Pfeiffer* an den Gesetzgeber, die Leitplanken zu ziehen und nicht nur nach betrieblichen Belangen zu regeln, sondern auch die berechtigten Ansprüche der Beschäftigten anzuerkennen.

Im Anschluss an die einführenden Vorträge fanden am ersten Veranstaltungstag vier Panels statt.

Panel A zu „Gewerkschaften und Arbeitskampf" wurde moderiert von *Roman Romanowski*, Leiter der Stabstelle Justitiariat der Industriegewerkschaft Metall (IG Metall), und *Micha Klapp*, damalige Leiterin der Abteilung Recht und Vielfalt der Bundesvorstandsverwaltung des Deutschen Gewerkschaftsbundes (DGB)[7]. *Prof. Dr. Wolfgang Däubler* (Universität Bremen) nahm das Publikum mit auf einen Streifzug durch die Geschichte des Arbeitskampfes, beginnend mit dem Neuaufbau nach 1945 und der Entstehung des Grundgesetzes, dann die Septemberstreiks 1969 streifend, um schließlich auf die Hartz IV-Reformen Anfang der 2000er näher einzugehen.

Gisela Neunhöfer (Landesfachbereich Gesundheit, Soziale Dienste, Bildung und Wissenschaft, Berlin-Brandenburg, ver.di) skizzierte die wesentlichen Herausforderungen des Arbeitskampfes der Berliner Krankenhausbewegung 2021. Im Gesundheitsbereich bestehe seit Jahren das Problem der permanenten Leistungsverdichtung und Überlastung des Personals. In der Pandemie habe sich das Problem weiter verschärft. Besondere Beachtung habe dabei ein mehrwöchiger Streik im Sommer/Herbst 2021 erfahren, der schließlich zum Abschluss eines „Tarifvertrag Entlastung" führte, der verbindliche Personalbesetzungen vorschreibt und ein Belastungsausgleichsystem bei Unterbesetzung beinhaltet.[8] Inzwischen haben die prekären Arbeitsbedingungen im Gesundheitsbereich auch in Großbritannien die größte Streikwelle seit den Achtzigerjahren ausgelöst. Als Reaktion hierauf möchte der Premierminister *Rishi Sunak* der Tory Partei das Streikrecht künftig weitreichend einschränken. Im Anschluss an *Gisela Neunhöfer* referierte *Prof. Dr. Florian Rödl* (Freie Universität, Berlin) über die Kampfmittelfreiheit (S. 81).

Panel B widmete sich den Gewerkschaftsrechten im Betrieb. Es wurde von *Micha Heilmann* (Leiter der Rechtsabteilung der Gewerkschaft Nahrung-Genuss-

7 Seit 2023 ist *Micha Klapp* Staatssekretärin in der Berliner Senatsverwaltung für Arbeit, Frauen und Gleichstellung.

8 Unterstützung und Zuspruch hat die Krankenhausbewegung u.a. von Aktivist:innen der Bewegung Fridays for Future bekommen. Vertiefend zu Gewerkschaften, Betriebsräten und Klimaschutz, siehe *Däubler*, Klimaschutz und Arbeitsrecht, HSI-Schriftenreihe, Band 49, Bund-Verlag, Frankfurt a.M. 2023.

Gaststätten (NGG) und Rechtsanwalt) und *Dr. Ernesto Klengel* (Hugo Sinzheimer Institut) moderiert. Zunächst gab *Dr. Martin Behrens* (Wirtschafts- und Sozialwissenschaftliches Institut der Hands-Böckler-Stiftung) einen empirischen Überblick über die Behinderung der Betriebsrats- und Gewerkschaftsarbeit. Die Be- und Verhinderung der Wahl von Betriebsräten durch Arbeitgeber finde sich insbesondere bei inhabergeführten kleinen und mittleren Betrieben.

Es folgte ein Vortrag von *Prof. Dr. Rüdiger Krause* (Universität Göttingen) zu den Zugangsrechten im Betrieb, bei dem er das betriebsverfassungsrechtliche Zugangsrecht dem koalitionsrechtlichen Zugangsrecht gegenüberstellte. Anschließend stand das digitale Zugangsrecht von Gewerkschaften im Betrieb im Fokus und die Frage, inwieweit es von der Koalitionsbetätigungsfreiheit gedeckt ist.

Zu den verfassungsrechtlich geschützten Tätigkeiten zählte *Prof. Dr. Rüdiger Krause* neben der Werbung neuer Mitglieder auch die Werbung und Information per E-Mail.[9] Letztere sei Grundvoraussetzung für die Erfüllung der in Art. 9 Abs. 3 GG genannten Aufgaben.[10] Die Mitgliederwerbung könne im Einzelfall jedoch mit verfassungsrechtlich geschützten Rechten des Arbeitgebers kollidieren. So sei die Inanspruchnahme von Eigentum und Betriebsmitteln (entsprechend allgemeiner Widmung) vom Arbeitgeber hinzunehmen. Den Verbrauch von Eigentum (Papier/Druckertoner) müsse der Arbeitgeber jedoch nicht dulden.

Geht es dagegen um die Herausgabe bzw. Erstellung von E-Mail-Adressen bzw. E-Mail-Listen seien darüber hinaus die Gegenrechte der kontaktierten Arbeitnehmer:innen zu berücksichtigen. Bei E-Mail-Adressen handele es sich um personenbezogene Daten im Sinne des Art. 4 Nr. 1 und 2 Datenschutzgrundverordnung (DS-GVO) und für eine Weitergabe dieser sei jedenfalls im Grundsatz eine vorherige Einwilligung des Arbeitnehmers/der Arbeitnehmerin gemäß Art. 6 Abs. 1 S. 1 Buchst. a DS-GVO erforderlich. Die Lösung, so *Prof. Dr. Rüdiger Krause*, erfolge dann über § 6 Abs. 1 S. 1 Buchst. f DS-GVO. Nach dieser Vorschrift ist die Verarbeitung – auch ohne vorherige Einwilligung – rechtmäßig, wenn sie zur Wahrung der berechtigten Interessen des Verantwortlichen oder eines Dritten erforderlich ist, sofern nicht die Interessen oder Grundrechte und Grundfreiheiten der betroffenen Personen, die den Schutz personenbezogener Daten erfordern, überwiegen. Im Rahmen der Interessenabwägung stehe aufseiten der Gewerkschaft die Koalitionsbetätigungs-

9 BAG 20.1.2009 – 1 AZR 515/08, NZA 2009, 615.

10 Vertiefend zum Digitalen Zugangsrecht, *Däubler*, Interessenvertretung durch Betriebsrat und Gewerkschaften im digitalen Betrieb, HSI-Schriftenreihe, Band 41, Bund-Verlag, Frankfurt a.M. 2022.

freiheit (Art. 9 Abs. 3 GG), aufseiten des Arbeitnehmers/der Arbeitnehmerin sein/ihr Recht auf informationelle Selbstbestimmung (Art. 2 Abs. 1 i.V.m. Art. 1 Abs. 1 GG). Die Koalitionsbetätigungsfreiheit der Gewerkschaft wiege umso schwerer, je weniger sie auf andere Kontaktmöglichkeiten zurückgreifen könne, um neue Mitglieder anzuwerben. Der Vortrag von *Prof. Dr. Rüdiger Krause* verdeutlicht einmal mehr die Dringlichkeit einer gesetzgeberischen Intervention. Eine Regelung könnte vor allem zur Klarstellung beitragen und die Rechtsanwendung erleichtern. Denkbar wäre eine gesetzliche Regelung in Anlehnung an § 9 Abs. 3 S. 2 Bundespersonalvertretungsgesetz.

Verena zu Dohna (Leiterin des Ressorts Betriebsverfassung und Mitbestimmungspolitik, IG Metall) befasste sich mit gewerkschaftlichen Strategien im Betrieb (S. 97). So sei das gewerkschaftliche Zugangsrecht zum Betrieb regelmäßig Gegenstand von Konflikten mit Arbeitgebern. Sie nannte einige Beispiele aus der Praxis bis hin zur Durchsetzung des Anspruchs im Wege des einstweiligen Rechtsschutzes. Umso wichtiger sei es, dass auch das digitale Zugangsrecht gesetzlich klargestellt werde.

Panel C „Tarifbindung, Arbeitskampf und Sozialrecht" wurde von *Prof. Dr. Manfred Walser* (LL.M, Hochschule Mainz) und *Antonia Seeland* (Hugo Sinzheimer Institut) moderiert. *Prof. Dr. Michael Kittner* (Universität Kassel/IG Metall) leitete mit seinem Vortrag „Mittelbare Arbeitskampffolgen: Geschichte und Perspektiven" ein (S. 107). Dem folgte *Prof. Dr. Eva Kocher* (Europa Universität Viadrina Frankfurt Oder). Sie referierte zu den Besetzungsregelungen und zur Friedenspflicht. Das Panel C schloss mit einem Vortrag von *Barbara Susec* (ver.di Bundesvorstand, Bereich Gesundheitswesen/Gesundheitspolitik) zu den Arbeitsbedingungen im Gesundheitswesen an der Schnittstelle von Arbeits- und Sozialrecht. Sie mahnte an, dass nicht die Bezahlung für die Flucht der Arbeitnehmer:innen aus der Pflege ausschlaggebend sei. Einer Umfrage der Gewerkschaft zu Folge könnten sich 83 Prozent der befragten Pflegekräfte nicht vorstellen, ihren Beruf bis zur Rente auszuüben. Dies läge an der enormen Belastung, unverlässlichen Dienstplänen und der schlechten Vereinbarkeit von Beruf und Familie. Sie forderte eindringlich mehr Mitbestimmung in den Klinken.

Panel D hatte das Thema „Möglichkeiten, die Tarifbindung zu stärken" zum Gegenstand. Die Moderation übernahmen *Prof. Dr. Nadine Brandl* (Bereichsleiterin Recht und Rechtspolitik, ver.di/Universität Düsseldorf) und *Dr. Thomas Klebe* (Hugo Sinzheimer Institut). Den Auftakt machte *Torsten Müller* („Senior Researcher" im Bereich Tarifpolitik beim Europäischen Gewerkschaftsinstitut etui.) mit seinem Vortrag „europarechtliche Aspekte", in dem er unter anderem die Richtlinie zum angemessenen Mindestlohn und zur Stärkung der Tarifverhandlungen beleuchtete. Zum Thema „Stärkung der Tarifbindung" gaben *Prof. Dr. Jürgen Treber* (Vorsitzender Richter am BAG) und *Prof. Dr. Daniel*

Ulber (Martin-Luther-Universität Halle-Wittenberg) Einblicke aus Rechtsprechung und Wissenschaft.

Im Anschluss an die Panels versammelten sich die Teilnehmenden beim Abendessen nochmals um *Dr. Claudia Bogedan* (Geschäftsführerin der Hans-Böckler-Stiftung) und *Prof. Dr. Manfred Weiss* (Goethe-Universität Frankfurt am Main), die in ihrem Vortrag u.a. *Hugo Sinzheimer*, dem Architekten des kollektiven Arbeitsrechts gedachten. Geboren am 12.4.1875 – im gleichen Jahr wie Thomas Mann, im Gründungsjahr der Sozialdemokratischen Partei – und aufgewachsen in Worms, studierte *Hugo Sinzheimer* an der Ludwig-Maximilians-Universität (LMU) in München, bevor er in Frankfurt a.M. seine Tätigkeit als Anwalt, Stadtabgeordneter und ordentlicher Honorarprofessor für Arbeitsrecht an der Universität Frankfurt aufnahm.[11] 65 Jahre nach seinem Tod wurde das Institut für arbeits- und sozialrechtliche Forschung gegründet und damit eine Plattform für die Pluralität des wissenschaftlichen Diskurses geschaffen, verpflichtet *„dem humanistischen Erbe Hugo Sinzheimers und mithin der Freiheit und Würde der arbeitenden Menschen“*, wie es im Gründungsstatut heißt.[12] Im Anschluss an die Dinner Speeches ließen die Teilnehmenden den Abend in kleineren Diskussionsrunden auf der Ausstellung „Arbeit und Würde“ des *look-at Filmkollektivs* ausklingen.

B. Zweiter Veranstaltungstag: 24. Juni 2023

Zu Beginn des zweiten Veranstaltungstages richtete *Prof. Dr. Rainer Schlegel* (Präsident des Bundessozialgerichts, Kassel) ein Grußwort an die Teilnehmenden. *Prof. Dr. Rainer Schlegel* forderte eine Zeitenwende für den Sozialstaat. Konsumtive Sozialleistungen, die heute erbracht werden, müssten auch heute erwirtschaftet und finanziert werden, es dürfe keine Finanzierung von Renten, Hartz IV, Sozialhilfe aber auch Leistungen im Gesundheitswesen „auf Pump“ geben. Allenfalls, dann wenn es um Investitionen gehe, von denen künftige Generationen profitieren würden, seien kreditfinanzierte Sozialausgaben im Rahmen der Schuldenbremse des Grundgesetzes akzeptabel. Zum Zwecke effektiverer Mittelverwendung müssten dringend strukturelle Reformen in Angriff genommen werden. Es dürften keine Leistungsausweitungen versprochen werden, bei denen absehbar sei, dass sie den jetzigen Beitragszahlern in Zukunft nicht mehr zugutekommen könnten.

---

11 *Kempen*, Hugo Sinzheimer, Architekt des kollektiven Arbeitsrechts und Verfassungspolitiker, Societäts-Verlag, Frankfurt a.M. 2017, S. 16 ff.

12 Überblick zur Entstehungsgeschichte des Instituts siehe *Huber*, AuR 7/2010, S. 1 ff.

Joost Korte (Generaldirektor für Arbeit, Soziales und Inklusion der EU-Kommission) widmete sich in seinem Vortrag den Gewerkschaftsrechten in der EU und stellte die Pläne der EU-Kommission vor (S. 45).

Im Anschluss an die einführenden Vorträge folgten zwei weitere Panels.

Panel E „Gewerkschaftsrechte heute – in der Unternehmensmitbestimmung auf deutscher und internationaler Ebene" wurde von *Prof. Dr. Marlene Schmidt* (Rechtsanwältin, Goethe-Universität Frankfurt am Main) und *Dr. Daniel Hay* (Wissenschaftlicher Direktor des Instituts für Mitbestimmung und Unternehmensführung der Hans-Böckler-Stiftung (I.M.U)) moderiert. *Dr. Sara Lafuente Hernandez* (Wissenschaftlerin u.a. im Bereich Demokratie am Arbeitsplatz, Mitbestimmung, Arbeitsbeziehungen auf mehreren Ebenen beim Europäischen Gewerkschaftsinstitut (etui.)) präsentierte einen Überblick über Arbeitnehmervertretungen auf Aufsichtsrats- und Verwaltungsratsebene in verschiedenen EU-Mitgliedstaaten. *Dr. Sebastian Sick* (Leiter Unternehmensrecht und Corporate Governance im Institut für Mitbestimmung und Unternehmensführung der Hans-Böckler-Stiftung (I.M.U).) befasste sich mit aktuellen Themen der Unternehmensmitbestimmung in Deutschland und in der EU (S. 125). Abschließend teilte *Albert Kruft* (GBR-Vorsitzender und EBR bei Solvay) mit seinem Vortrag „Internationale Vernetzung von Betriebsratsgremien" seine Eindrücke aus der Praxis. Er stellte das Rahmenabkommen zwischen Solvay, einem wichtigen Akteur in der globalen Lieferkette für E-Auto-Batterien, und IndustriAll Global Union vor, welches für weitere vier Jahre im März 2022 erneuert wurde. Gegenstand des Abkommens waren u.a. die Verpflichtung auf die kommende EU-Richtlinie, das Lieferkettensorgfaltspflichtengesetz und das UN-Abkommen über Wirtschaft und Menschenrechte sowie Ziele zur Eindämmung des Klimawandels.[13]

Im letzten Panel „Tarifpolitik der Zukunft – rechtlicher Rahmen und Praxis" übernahmen *Sybille Wankel* (1. Bevollmächtigte der IG Metall München) und *Prof. Dr. Johanna Wenckebach* (Hugo Sinzheimer Institut, University of Labour) die Moderation. *Prof. Dr. Daniel Klocke* (Johannes Gutenberg-Universität Mainz) befasste sich in seinem Vortrag mit der Regelbarkeit und Durchsetzbarkeit von Standort- und Beschäftigungssicherung (S. 143).[14] Anschließend gaben *Stefan Schaumburg* (Leitung Fachbereich Tarifpolitik, IG Metall) und

13 Vertiefend zum Lieferkettensorgfaltspflichtengesetz siehe *Zimmer*, Lieferkettensorgfaltspflichtengesetz, HSI-Schriftenreihe, Band 48, Bund-Verlag, Frankfurt a.M. 2023 (Die Bände der HSI-Schriftenreihe sind unter *www.hugo-sinheimer-institut.de* abrufbar.).

14 Vertiefend zur Standort- und Beschäftigungssicherung in Tarifverträgen und Betriebsvereinbarungen, *Klein/Klocke/Schlachter*, Standort- und Beschäftigungssicherung in Tarifverträgen und Betriebsvereinbarungen, HSI-Schriftenreihe, Band 43, Bund-Verlag, Frankfurt a.M. 2022.

Freddy Adjan (stellvertretender Vorsitzender der Gewerkschaft Nahrung-Genuss-Gaststätten (NGG)) Einblicke in die Praxis (S. 155 und S. 163). Schon seit langem macht die NGG auf die prekären Arbeits- und Lebensbedingungen in der Schlacht- und Zerlegeindustrie aufmerksam. Für *Freddy Adjan* waren die massenhaften Corona-Infektionen das „traurige Resultat eines kranken Systems". Inzwischen gibt es das Arbeitsschutzkontrollgesetz[15] und es wird eine Erweiterung des Werkvertragsverbot auf andere Wirtschaftsbranchen, etwa für den Bereich der Paketzustellungsdienste diskutiert.

In der anschließenden Podiumsdiskussion wurde u.a. über den damaligen Warnstreik in Deutschlands großen Nordseehäfen diskutiert. Die Gewerkschaft Ver.di hatte am Vortag ihre Mitglieder zu einem 24-stündigen Warnstreik aufgerufen. Geleitet wurde die Diskussion von der Tagungsmoderatorin *Judith Schulte-Loh*. An der Runde waren beteiligt: *Roland Wolf* (Abteilungsleiter Arbeitsrecht und Tarifpolitik der Bundesvereinigung der Deutschen Arbeitgeberverbände (BDA)); *Hasan Özer* (Vorsitzender des Betriebsrats und stellvertretender Vorsitzender des Konzernbetriebsrats, Bremen) und die damalige Leiterin der DGB-Rechtsabteilung *Micha Klapp*. Inzwischen haben sich die Tarifparteien in der 10. Tarifverhandlungsrunde auf einen Abschluss für die Hafenarbeiter:innen der Nordseeküste geeinigt. Dieser sieht deutliche Entgelterhöhungen vor und gleicht zudem die Preissteigerungsrate aus.

Literatur

Däubler, Wolfgang: Interessenvertretung durch Betriebsrat und Gewerkschaften im digitalen Betrieb, HSI-Schriftenreihe, Band 41, Bund-Verlag Frankfurt a.M. 2022.

Däubler, Wolfgang: Klimaschutz und Arbeitsrecht, HSI-Schriftenreihe, Band 49, Bund-Verlag Frankfurt a.M. 2023.

Deinert, Olaf/Cremer, Wolfram: Fremdpersonalverbot in der Fleischwirtschaft auf dem Prüfstand des Verfassungsrechts, HSI-Schriftenreihe, Band 50, Bund-Verlag Frankfurt a.M. 2023.

Heuschmid, Johannes: Neujustierung des Arbeitszeitrechts und des Systems der Arbeitszeiterfassung durch den EuGH, Neue Juristische Wochenschrift (NJW) 2019, S. 1853–1854.

Huber, Bertold: Hugo Sinzheimer und wir – Warum ein arbeitsrechtliches Institut unter seinem Namen hier und heute? Arbeit und Recht (AuR)7/2010, S. 1 ff.

Kempen, Otto-Ernst: Hugo Sinzheimer, Architekt des kollektiven Arbeitsrechts und Verfassungspolitiker, Societäts Verlag Frankfurt 2017.

15 Vertiefend zur Frage der Vereinbarkeit des Fremdpersonaleinsatzes mit den verfassungsrechtlichen Vorgaben *Deinert/Cremer*, Fremdpersonalverbot in der Fleischwirtschaft auf dem Prüfstand des Verfassungsrechts, HSI-Schriftenreihe, Band 50, Bund-Verlag, Frankfurt a.M. 2023.

Klein, Thomas/Klocke, Daniel/Schlachter, Monika: Standort- und Beschäftigungssicherung in Tarifverträgen und Betriebsvereinbarungen, HSI-Schriftenreihe, Band 43, Bund-Verlag Frankfurt a.M. 2022.

Sinzheimer, Hugo: Das Problem des Menschen im Recht, Rede gehalten bei dem Amtsantritt als besonderer Professor für Rechtssoziologie an der Universität von Amsterdam am 6. November 1933.

Temming, Felipe: Der Überstundenprozess nach EuGH-Urteil Fereración de Servicios de Comisiones Obreras, Neue Zeitschrift für Arbeitsrecht (NZA) 2021, S. 1433–1440.

Ulber, Daniel: Vorgaben des EuGH zur Arbeitszeiterfassung, HSI-Schriftenreihe, Band 32, Bund Verlag Frankfurt a.M. 2020.

Zimmer, Reingard: Das Lieferkettensorgfaltspflichtengesetz, HSI-Schriftenreihe, Band 48, Bund-Verlag Frankfurt a.M. 2023.

Eröffnung

Begrüßung der Teilnehmenden

Prof. Dr. Johanna Wenckebach, Wissenschaftliche Direktorin des HSI

Sehr geehrte Damen und Herren, liebe Kolleginnen und Kollegen,

sehr geehrte Frau Präsidentin Gallner, liebe Inken,

lieber Jörg Hofmann, lieber Prof. Manfred Weiss und Prof. Michael Kittner,

wir haben wirklich sehr lange darauf gewartet, endlich sagen zu können:

herzlich Willkommen zum Jubiläumskongress des Hugo Sinzheimer Instituts, zur Diskussion von Gewerkschaftsrechten heute!

Wir feiern heute – frei nach Alice im Wunderland – Nichtgeburtstag und zwar im dritten Anlauf. Denn zum 10-jährigen Jubiläum unseres Instituts – das wäre am 29. April 2020 gewesen – hat uns die Pandemie einen Strich durch die Rechnung gemacht. Und dann noch einen. Aber jetzt sind wir hier – und vor allem seid ihr und sind Sie hier, als unsere Gäste – und das war unser Geburtstagswunsch!

Vor tatsächlich 3 Jahren also haben wir begonnen, diesen Kongress zu planen. Wir wollten Gewerkschaftsrechte in den Fokus wissenschaftlicher und rechtspolitischer Debatten rücken und wählten den Titel „Gewerkschaftsrechte heute".

Im „heute" vor drei Jahren waren der Mittelpunkt unseres wissenschaftlichen Interesses und der rechtspolitischen und gesellschaftlichen Debatten um die Arbeitswelt der Zukunft die großen Themen Globalisierung, Digitalisierung, demografische Herausforderungen und der ökologische Umbau der Wirtschaft. Heute forscht die Hans-Böckler-Stiftung dazu unter der Überschrift Transformation, im Juni 2022 hat im Kanzleramt die Allianz für Transformation ihre Arbeit aufgenommen. Keines der Themen der Transformation hat sich in den vergangenen drei Jahren erledigt, einiges hat sich weiterentwickelt, manche Themen – wie etwa neue Arbeitsformen – hat die Pandemie sogar beschleunigt. Genannt seien nur die Beispiele mobile Arbeit, digitale Betriebsratsarbeit und Plattformarbeit, insbesondere der Boom der Lieferdienste.

Ich freue mich, dass Prof. Sabine Pfeiffer[1] uns die soziologische Perspektive auf das nahe bringt, was wir unter der großen Überschrift Transformation diskutieren, in der auch das Arbeitsrecht neu vermessen wird.

Aber in diesem für die Zeitgeschichte doch relativ kurzen Abschnitt von drei Jahren seit Beginn unserer Planungen und der Unterbrechung durch die Pandemie hat sich das, was unser „heute" in der Debatte um Gewerkschaftsrechte inzwischen ausmacht, fundamental verändert: Die Pandemie hat ausweislich der Daten des WSI der HBS die soziale Spaltung in Deutschland verschärft.[2] Menschen mit niedrigen Einkommen und prekären Arbeitsverhältnissen haben die größten Einbußen beim Einkommen hinnehmen müssen und sie werden jetzt am härtesten von der Inflation getroffen. Frauen haben es während der Pandemie zulasten von Einkommen und Rente ungleich stärker übernommen, einen Großteil der weggefallenen öffentlichen Betreuung von Kindern zu kompensieren. Corona hat die Gleichstellung also zurückgeworfen, wie zu Beginn der Pandemie befürchtet wurde.

Und als wir glaubten, ein Licht am Ende des Tunnels der Pandemie zu sehen, begann der furchtbare Krieg Russlands gegen die Ukraine, der inzwischen seit Monaten wütet und riesiges Leid verursacht. Und natürlich wirft dieser Krieg ebenso enorme Verteilungsfragen auf, von denen wir in dieser Intensität lange verschont wurden als Gesellschaft. Und ich meine damit nicht nur, dass die Sozialpartner neben der Transformation inzwischen auch mit den Auswirkungen des Gasembargos und der Inflation beschäftigt sind. Dieser Krieg ist zudem auch ein Angriff auf die Demokratie, auf Freiheiten und Menschenrechte. Er betrifft damit die Themen, die wir auch auf diesem Kongress diskutieren wollen, weil ihre Bedeutung fundamental ist für eine freie, friedliche und sozial gerechte Gesellschaft.

Einige denken bei dem Verweis auf Grundrechte womöglich an Verfassungsrichterin Prof. Susanne Baer und vermissen sie im aktualisierten Programm des Kongresses nach ihrer Zusage zu einem unserer vorherigen Anläufe für die Veranstaltung. Sie wollte ursprünglich den verfassungsrechtlichen Rahmen des Arbeitsrechts in den Blick nehmen. Beim dritten Anlauf konnte sie den Termin nicht mehr wahrnehmen, was wir sehr bedauern. Ich möchte hier wenigstens einen Gedanken zitieren, den sie kürzlich auf dem europarechtlichen Symposium des Bundesarbeitsgerichts zur aktuellen Situation geäußert hat:

1 Siehe dazu den Bericht von *A. Sutter-Kipping* in diesem Band.

2 *Kohlrausch*, Droht eine gesellschaftliche Spaltung?, WSI-Mitteilung 6/2022, S. 426; *Kohlrausch/Zucco/Hövermann*, Die Einkommensungleichheit wird durch die Corona-Krise noch weiter verstärkt, Verteilungsbericht 2020, Report Nr. 62 November 2020.

„Auf das Arbeitsrecht kommen Aufgaben in einer Dynamik zu, wie wir sie lange nicht mehr erlebt haben." Und ich fürchte, dass sie Recht hat.

Welche Rolle kann Arbeits- und Sozialrecht, können Gewerkschaftsrechte heute, in Zeiten wie diesen spielen? Welche Rolle kommt Gewerkschaften und Betriebsräten zu? Welche Handlungsmöglichkeiten haben und brauchen sie? Das sind die Leitfragen dieses Kongresses. Und sie haben sich nicht etwa erledigt, weil sich mit Krieg und Frieden größere Fragen stellen.

Nancy Fraser – die Soziologin, nicht die Innenministerin – äußerte kürzlich in einem Interview mit der Zeit etwas, das mir für diese Frage als wichtiger Ansatz erscheint: Sie sagte, es gäbe ein wachsendes Bewusstsein dafür, dass wir nicht mehr weitermachen können mit „business as usual". Doch diese Erkenntnis könne Menschen radikalisieren und führe so zu einer Hinwendung zu autoritären und chauvinistischer Populismen.[3] Und wir müssen nicht in die USA schauen, um diese Entwicklungen zu beobachten – wir haben sie auch in Europa vor unserer Haustür und sie zeigen sich auch hier, in der Bundesrepublik.

Und es gibt, wie die Forschung der HBS zu anti-demokratischen Einstellungen zeigt, einen Zusammenhang zwischen der Zustimmung zu anti-demokratischen, rechtspopulistischen und menschenfeindlichen Einstellungen von Menschen und den Erfahrungen, die sie in der Arbeitswelt machen: Erleben sie insbesondere in den Änderungsprozessen der Transformation Ohnmacht, Abwertung und Veränderung zum Schlechten oder können sie Erfahrungen von Ermächtigung, Beteiligung und neuen Chancen machen?[4]

Nancy Fraser ist überzeugt: Viele Menschen ließen sich für einen emanzipatorischen Wandel gewinnen, wenn man ihnen eine kohärente und überzeugende Gegenerzählung zum Rechtspopulismus bieten könne. Wenn der DGB und seine neue Vorsitzende, Yasmin Fahimi, morgen ist sie hier unser Gast, nun auf dem Bundeskongress des DGB im Mai den Anspruch formulieren, als Gewerkschaften die Transformation zu gestalten, dann halte ich das für den Ansatz einer solchen Gegenerzählung, wie Fraser ihn für notwendig hält. Und außerdem finde ich im Zusammenhang mit diesen Überlegungen auch wichtig zu bemerken, dass trotz der pandemiebedingten Schwierigkeiten die Wahlbeteiligung bei den diesjährigen Betriebsratswahlen gemäß der ersten Auswer-

3 *Nancy Fraser*, „Der Kapitalismus kannibalisiert seine eigenen Grundlagen", Die Zeit vom 14.5.2022 (abrufbar unter *https://www.zeit.de/kultur/2022-05/nancy-fraser-kapitalismus-feminismus*).

4 *Hövermann, Andreas/Kohlrausch, Bettina/Voss, Dorothea*: Anti-demokratische Einstellungen, Forschungsförderung Policy Brief, 2021.

tungen bei 70, zum Teil 80 Prozent lag.[5] Listen wie „Zentrum Automobil", die etwa bei Automobilisten gegen einen ökologischen Umbau der Wirtschaft Stimmung machen, haben keine großen Erfolge erzielt, keine Sitze in den Betriebsratsgremien hinzugewonnen. Bei der Landtagswahl in NRW dagegen lag die Beteiligung bezeichnenderweise gerade in den vom Strukturwandel besonders betroffenen Wahlkreisen der Arbeiterinnen und Arbeiter, wie Recklinghausen oder Gelsenkirchen, aber auch in 15 weiteren Wahlkreisen, bei unter 50 Prozent.[6]

Für mich zeigt sich hier die Bedeutung von Gewerkschaften und betrieblicher Mitbestimmung für Demokratie und für eben dieses Vertrauen auf eine „Gegenerzählung zum Populismus", wie Fraser es nennt. Demokratie lässt sich nicht stärken, wenn sie nicht auch in der Arbeitswelt gestärkt wird und stark bleibt.

Die inzwischen hundertjährige Idee Hugo Sinzheimers von der „sozialen Selbstbestimmung im Recht" bleibt demnach gerade jetzt von enormer Bedeutung – und sie wird in den Betrieben verhandelt. Ihre Verwirklichung durch Tarifverträge, Mitbestimmung und Arbeitskämpfe wollen wir auf diesem Kongress diskutieren. Lieber Jörg Hofmann, ich bin sehr gespannt auf deinen Beitrag[7] und die Perspektive der IG Metall dazu.

Und wir werden hier auch von anderen Kolleginnen und Kollegen hören. Etwa aus der Krankenhausbewegung von ver.di. In der Tarifauseinandersetzung um Entlastung in der Pflegekrise sind Beschäftigte in NRW seit inzwischen acht Wochen im Streik.[8] Und das ist unter Hebammen und Krankenschwestern, in einer frauendominierten Branche, die Versorgung von Menschen, also Care-Arbeit betrifft, eben kein „business as usual". Die einstweilige Verfügung der Arbeitgeber gegen den Streik beim Arbeitsgericht Bonn war erfolglos, gestern wurde öffentlich, dass inzwischen Berufung eingelegt ist.[9] Wir werden die rechtlichen Fragen hier diskutieren. Das Beispiel zeigt, finde ich, wie dringend es ist, Arbeitskampfrecht und Gewerkschaftsrechte in den Fokus zu nehmen.

---

5 Siehe Gesamtauswertung Betriebsratswahlen 2022, Mitbestimmungsportal der HBS (abrufbar unter: *https://www.mitbestimmung.de/html/weiterhin-starker-ruckhalt-fur-23385.html*).

6 Die amtlichen Ergebnisse der Wahl sind abrufbar unter *https://www.wahlergebnisse.nrw/landtagswahlen/2022/aktuell/wahlbeteiligung.shtml* (1.9.2023).

7 In diesem Band.

8 Dazu der Tagungsbericht von *A. Sutterer-Kipping* in diesem Band.

9 LAG Köln 1.7.2022 – 10 SaGa 8/22.

Unerlässlich dafür ist natürlich auch der Blick nach Europa und auf das europäische Recht, dem wir uns hie runter anderem morgen mit Joost Korte von der Europäischen Kommission[10] widmen.

Nur ein arbeitsrechtliches Innovationsprojekt möchte ich an dieser Stelle inhaltlich ganz konkret aufgreifen: den Reformvorschlag des DGB für ein modernes Betriebsverfassungsgesetz. Als wir mit der Planung des Programms für diesen Kongress begonnen haben, gab es ihn noch nicht und ich hoffe, inzwischen kennen ihn die meisten hier aus der „Arbeit und Recht" oder von unserer Homepage oder der des DGB.[11] Natürlich werden die einzelnen Vorschläge zur Weiterentwicklung von betrieblicher Mitbestimmung und Gewerkschaftsrechten im Betrieb in vielen Foren eine Rolle spielen. Gerade aus diesem Kreis der hier Anwesenden sind wir für Rückmeldungen, Kritik und Diskussionsbeiträge dankbar. Wir werden die Debatte z.B. auf der betriebspolitischen Tagung des HSI und dem WSI-Herbstforum zuspitzen. Und natürlich sind wir gespannt, was morgen von Staatssekretärin Lilian Tschan aus dem BMAS zu den Vorhaben der Bundesregierung zu hören ist. Laut Koalitionsvertrag ist ja die „Weiterentwicklung der Mitbestimmung" vorgesehen. Auf unserem letzten Kongress hier, im Februar, sagte Bundesarbeitsminister Hubertus Heil zum BetrVG und dem „Modernisierungsgesetz" von 2021 – und einige Augenzeugen sind heute wieder hier: Nach der Reform ist vor der Reform!

Wissenschaftliche und rechtspolitische Debatten über das Arbeits- und Sozialrecht sollten nie den Blick auf arbeitende Menschen verlieren. Das hat auch Hugo Sinzheimer immer angemahnt.[12] Deswegen fanden wir es passend, das Filmkollektiv von „Look at" einzuladen, um ihren Blick auf arbeitende Menschen mit der Ausstellung „Arbeit und Würde" hier zu zeigen. Bitte schauen Sie / schaut euch in den Pausen und heute Abend auf dieser Etage um, die Künstler*innen sind auch hier.

Das HSI wurde am 29. April 2010 gegründet. Wenn wir zurückschauen auf inzwischen zwölf Jahre HSI, gibt es natürlich ganz wichtige Menschen, die wir würdigen möchten für das, was sie ganz persönlich dazu beigetragen haben, wie sich dieses Institut entwickelt hat. Diese Würdigung wird unser langjähriger Freund und Berater, Prof. Dr. Manfred Weiss, heute Abend ausführlich übernehmen und darauf freue ich mich. Aber ich möchte schon jetzt drei Menschen ganz herzlichen Dank sagen:

---

10 Beitrag in diesem Band.

11 *Allgeier et al.*, Arbeit und Recht Sonderbeilage, April 2022.

12 *Sinzheimer*, Das Problem des Menschen im Recht, Rede gehalten bei dem Amtsantritt als besonderer Professor für Rechtssoziologie an der Universität von Amsterdam am 6. November 1933.

Lieber Thomas Klebe, Du warst der Gründungsdirektor des HSI, liebe Marlene Schmidt, Du hast es viele Jahre mit Thomas geleitet, und lieber Michael Kittner, von Anfang an warst Du aktiv an unserer Seite – wir stehen mit unserer Arbeit auf euren Schultern, unser herzlicher Dank heute gebührt euch! Und wir, das ist ein inzwischen gar nicht mehr so kleines Team. Ohne dieses tolle Team hätte das alles nicht geklappt. Herzlichen Dank für euren Kampfgeist bei den drei Anläufen bis heute und für die Freude bei der Sache, liebe Antonia Seeland, lieber Ernesto Klengel, liebe Amelié Sutterer-Kipping, liebe Jasmin Gruchala und Uta Schiller!

Und einen ganz herzlichen Dank ebenso an das Team der Veranstaltungsorganisation der Hans-Böckler-Stiftung.

Last, but absolutely not least:

Mein herzlicher Dank gilt schließlich auch denjenigen Kolleginnen und Kollegen, die sich für unsere Arbeit interessieren und uns – durchaus auch sehr kritisches – Feedback geben, uns inspirieren mit dem, was sie in der Praxis bewegen. Viele sind heute hier, nicht nur als Gäste, sondern als Aktive, die hier referieren und moderieren. Ich kann nicht alle einzeln aufzählen, aber ich möchte herzlich Danke sagen, schon jetzt, für euren wichtigen Beitrag zu unserer Arbeit. Wir leben von dem Interesse an wissenschaftlichem und rechtspolitischem Austausch zu guter Arbeit, demokratischer Wirtschaft und sozialer Gerechtigkeit. Das wird uns auch in den nächsten zehn Jahren motivieren im HSI.

Und um miteinander ins Gespräch zu kommen, sich auszutauschen, dafür sind Gelegenheiten wie heute von Bedeutung. Aus diesem Grund war es uns auch wichtig, dass wir an diesen zwei Tagen persönlich zusammenkommen können, um wieder in direkten Kontakt zu kommen. Eine Videoschalte würde diesem Ziel nicht gerecht. Ich bitte dennoch weiterhin um Vorsicht und Rücksicht. Ich möchte beim Umherlaufen das Tragen einer Maske sehr empfehlen.

Wir freuen uns sehr, dass Sie und ihr unsere Gäste seid und ich wünsche uns gute, kritische und gewinnbringende Debatten und dann auch einen sehr schönen Abend heute.

Danke fürs Kommen und für die Aufmerksamkeit!

Grußwort an das Hugo Sinzheimer Institut

Inken Gallner, Präsidentin des Bundesarbeitsgerichts

Sehr geehrte Frau Dr. Wenckebach, liebe Johanna,

meine sehr geehrten Damen und Herren,

es ist eine große Freude und Ehre für mich, während des HSI-Sommerkongresses zu Ihnen sprechen zu dürfen.

Ich profitiere in meiner täglichen Arbeit sehr von den Schriften des Hugo Sinzheimer Instituts, der HSI-Schriftenreihe. Das HSI beweist in dieser Schriftenreihe immer wieder Weitblick, nicht nur, aber gerade auch im europäischen und internationalen Arbeitsrecht.

Um auf den Inhalt meines Grußworts zu kommen: Ich möchte Ihnen einige Fundstücke aus der Arbeit des Bundesarbeitsgerichts vorstellen.

Bei den Arbeitsschwerpunkten des BAG möchte ich zunächst Europa in den Blick nehmen. Wer mich kennt, weiß, dass ich eine überzeugte Europäerin bin.

Besonders arbeitsintensiv sind zurzeit Revisionen und Rechtsbeschwerden, in denen Fragen des Rechts der Europäischen Union zu klären sind. Diese Fälle treten zunehmend auf, weil das deutsche Arbeitsrecht in weiten Teilen unionsrechtlich überformt ist. In diesen Verfahren sind häufig Vorlagen an den Gerichtshof der Europäischen Union nötig.

Beispiele sind das Antidiskriminierungsrecht, das Arbeitszeitrecht, das Urlaubsrecht, das Leiharbeitsrecht, das Befristungsrecht, das Betriebsübergangsrecht, das Massenentlassungsrecht, das Datenschutzrecht und Fragen der Entgeltgleichheit von Männern und Frauen.

Im Urlaubsrecht wartet der Neunte Senat nach drei eigenen Vorlagen auf Antworten des EuGH. Es geht um den Verfall von Urlaubsansprüchen bei langandauernder Krankheit oder Erwerbsminderung und eine mögliche Verjährung.[1]

---

1 BAG 7.7.2020 – 9 AZR 401/19 (A); BAG 7.7.2020 – 9 AZR 245/19 (A); BAG 29.9.2020 – 9 AZR 266/20 (A).

Demnächst dürften Vorabentscheidungen des EuGH und abschließende Entscheidungen des Neunten Senats des BAG zu erwarten sein.[2]

Gestritten wird auch über Urlaubsansprüche bei Kurzarbeit null. Sie mindert die Urlaubsansprüche, wie der Neunte Senat mit Urteil vom 30. November 2021 in der Sache – 9 AZR 225/21 – entschieden hat.

Die Abberufung eines betrieblichen Datenschutzbeauftragten ist Gegenstand eines Vorabentscheidungsersuchens des Neunten Senats vom 27. April 2021 in der Sache – 9 AZR 383/19 (A).

Vor dem Zehnten Senat des Bundesarbeitsgerichts sind mehr als 400 Revisionen anhängig, in denen über höhere tarifliche Nachtarbeitszuschläge für regelmäßige Nachtarbeit gestritten wird. Es geht um viele verschiedene Tarifverträge, die zwischen regelmäßiger und unregelmäßiger Nachtarbeit unterscheiden. Die regelmäßige Nachtarbeit wird nach den Tarifverträgen schlechter bezahlt als die unregelmäßige.

Die Verfahren sind überwiegend ausgesetzt, weil der Zehnte Senat den EuGH in zwei Leitentscheidungen vom 9. Dezember 2020 gebeten hat, unionsrechtliche Fragen zu beantworten. Es handelt sich um die Sachen – 10 AZR 332/20 (A) – und – 10 AZR 333/20 (A).[3]

Der EuGH wird sein Urteil in diesen verbundenen Rechtssachen Coca-Cola European Partners Deutschland am 7. Juli 2022 verkünden.[4] Erst nach den Vorabentscheidungen des EuGH wird feststehen, ob über alle diese Revisionen streitig zu entscheiden ist. Dafür spricht viel.

Nach Auskunft der Spitzenverbände sollen in allen drei Instanzen der Arbeitsgerichtsbarkeit etwa 6.000 solcher Fälle anhängig gewesen sein.

---

2 Vgl. EuGH *Fraport* und *LB* und die anschließenden Rezeptionsentscheidungen des Neunten Senats des BAG vom 20.12.2022 und 31.1.2023: EuGH 22.9.2022 – C-518/20 und C-727/20 – Fraport u. a. [Urlaubsanspruch, Verfall]; EuGH 22.9.2022 – C-120/21 – LB [Urlaubsanspruch, Verjährung]; BAG 20.12.2022 – 9 AZR 245/19 [Urlaubsanspruch, Verfall]; BAG 20.12.2022 – 9 AZR 401/19 [Urlaubsanspruch, Verfall]; BAG 20.12.2022 – 9 AZR 266/20 [Urlaubsanspruch, Verjährung]; BAG 31.1.2023 – 9 AZR 244/20 [Urlaubsabgeltungsanspruch, Verfall]; BAG 31.1.2023 – 9 AZR 456/20 [Urlaubsabgeltungsanspruch, Verjährung].

3 Inzwischen hat der Zehnte Senat des BAG viele Rezeptionsentscheidungen getroffen: vgl. z.B. die ersten Entscheidungen BAG 22.2.2023 – 10 AZR 332/20; BAG 22.2.2023 – 10 AZR 333/20; BAG 22.2.2023 – 10 AZR 379/20; BAG 22.2.2023 – 10 AZR 397/20; BAG 22.2.2023 – 10 AZR 461/20. Weitere Entscheidungen zu dieser Problematik stehen am 22.3.2023, 24.5.2023, 28.6.2023 und 23.8.2023 an.

4 EuGH 7.7.2022 – C-257/21, C-258/21 – Coca-Cola European Partners Deutschland: Diese tariflichen Regelungen führen das Recht der Europäischen Union nicht durch im Sinn von Art. 51 Abs. 1 Satz 1 der Charta der Grundrechte der Europäischen Union.

Gegen zwei Entscheidungen, in denen der Zehnte Senat eine sog. Anpassung nach oben wegen eines Verstoßes gegen das allgemeine Gleichheitsgrundrecht des Art. 3 Abs. 1 GG vorgenommen hat, sind Verfassungsbeschwerden anhängig.[5]

Die Fälle sind tarifpolitisch „aufgeladen", weil sich das individuelle Gleichheitsgrundrecht des Art. 3 Abs. 1 GG und die von Art. 9 Abs. 3 GG geschützte Tarifautonomie und die Koalitionsfreiheit gegenüberstehen.

Ich halte die mitunter mühevolle zweistufige Arbeit der Arbeitsgerichtsbarkeit durch Vorlagen an den EuGH und abschließende Entscheidungen für wichtig und wertvoll. Gleiches gilt für Entscheidungen, die europäisches Recht in das deutsche Recht „einpassen", wenn es schon Positionen des EuGH gibt.

Die deutsche Arbeitsgerichtsbarkeit erfährt dadurch aus meiner Sicht keinen Bedeutungsverlust. Sie formt das europäische Recht gemeinsam mit dem EuGH aus und sorgt dafür, dass es im deutschen Recht angewandt wird.

Ich halte es für notwendig, die europäische Rechtsgemeinschaft zu schützen. Sie ist ein zerbrechliches Konstrukt, weil sie nicht die besonderen Bindungskräfte eines Nationalstaats erzeugt.

Wie wichtig der Zusammenhalt in der Europäischen Union ist, wird während des Ukrainekriegs besonders deutlich. Europa tut not. Genauer: Es tut not, in Europa zusammenzustehen.

Ein bisschen Werbung in eigener Sache: Das Bundesarbeitsgericht hat vor Kurzem – am 12. und 13. Mai 2022 – gemeinsam mit dem Deutschen Arbeitsgerichtsverband das 10. Europarechtliche Symposion durchgeführt. Während des 10. Europarechtlichen Symposions wurden vor allem die unionsrechtliche und die deutsche Grundrechtsdogmatik beleuchtet. Darüber sprachen u. a. der Präsident des EuGH, Herr Prof. Dres. Lenaerts, und Frau Prof. Dres. Baer als Richterin des Bundesverfassungsgerichts.

Das 11. Europarechtliche Symposion wird am 6. und 7. Juni 2024 im Bundesarbeitsgericht stattfinden.

Um auf die spruchrichterliche Tätigkeit des Bundesarbeitsgerichts zurückzukommen: Ich will an dieser Stelle nicht verschweigen, dass die Eingänge beim Bundesarbeitsgericht im Jahr 2021 um 25,48 % zurückgegangen sind. Zu den Einzelheiten bitte ich Sie, die Geschäftsentwicklung im Jahresbericht 2021

5 BAG 9.12.2020 – 10 AZR 334/20; BAG 9.12.2020 – 10 AZR 335/20.

nachzulesen, der auf der Homepage des Bundesarbeitsgerichts eingestellt ist. Die Komplexität der Rechtsprechungsarbeit u. a. wegen der unionsrechtlichen Überformung des Arbeitsrechts – aber bei Weitem nicht nur im Zusammenhang damit – führt jedoch dazu, dass alle Senate ausgelastet sind und sehr gut zu tun haben.

Rückblick in Schlaglichtern

Ich will nun die europäischen Fragen verlassen. Erlauben sie mir bitte einen kurzen – höchst unvollständigen – Rechtsprechungsrückblick in Schlaglichtern.

Besonders öffentlichkeitswirksam war ein Urteil des Fünften Senats vom 24. Juni 2021 in der Sache – 5 AZR 505/20. Danach haben ausländische Pflegekräfte, die in Deutschland arbeiten, Anspruch auf den gesetzlichen Mindestlohn auch für Bereitschaftszeiten, in denen sie nicht aktiv tätig sind. Die Entscheidung hat große Auswirkungen auf die häusliche Pflegebranche.

Große Publizität hat auch eine weitere Entscheidung des Fünften Senats erlangt. Mit Urteil vom 13. Oktober 2021 hat er in der Sache – 5 AZR 211/21 – entschieden, dass der Arbeitgeber Arbeitnehmern keine Vergütung unter dem Gesichtspunkt des Annahmeverzugs zahlen muss, wenn er seinen Betrieb während eines staatlich verfügten allgemeinen Corona-Lockdowns schließen muss.

Inzwischen stellen sich vor dem Bundesarbeitsgericht vermehrt Fragen im Zusammenhang mit Covid-19. In den Verfahren geht es z. B. um die Verpflichtungen im Arbeitsverhältnis, sich testen zu lassen oder eine Schutzmaske zu tragen.

Die Frage, ob die Flötistin eines Staatsorchesters verpflichtet ist, sich testen zu lassen, hat der Fünfte Senat am 1. Juni 2022 in der Sache – 5 AZR 28/22 – bejaht.

Gelöst von Covid-19 hat der Fünfte Senat am 4. Mai 2022 in zwei Revisionen über Überstundenvergütungen entschieden.[6] Auch diese Fälle sind „europäisch verschränkt“. Es ging darum, ob sich aus der Rechtsprechung des EuGH zur Arbeitszeiterfassung Auswirkungen auf die Darlegungs- und Beweislast im Überstundenprozess ergeben.[7]

Der Fünfte Senat geht davon aus, dass sich die vom Bundesarbeitsgericht entwickelten Grundsätze zur Verteilung der Darlegungslast und der letztendli-

---

6 BAG 4.5.2022 – 5 AZR 359/21; BAG 4.5.2022 – 5 AZR 474/21.

7 Vgl. EuGH 14.5.2019 – C-55/18 – CCOO.

chen Beweislast für die Leistung von Überstunden durch die unionsrechtliche Pflicht zur Einführung eines Systems zur Messung der Arbeitszeit nicht verändert haben. Der Arbeitnehmer muss die geleisteten Überstunden darlegen und vortragen, dass der Arbeitgeber die geleisteten Überstunden ausdrücklich oder konkludent angeordnet, geduldet oder nachträglich gebilligt hat.

Die neuen Arbeitsformen sind auch in jüngerer Vergangenheit wieder in der Rechtsprechung des Bundesarbeitsgerichts angekommen. Arbeitgeber müssen Fahrradlieferanten – sog. Riders –, die Essen und Getränke ausliefern und ihre Aufträge über eine Smartphone-App erhalten, in der Regel ein verkehrstüchtiges Fahrrad und ein internetfähiges Mobiltelefon zur Verfügung stellen. Ich beziehe mich auf ein Urteil des Fünften Senats vom 10. November 2021 in der Sache – 5 AZR 334/21.

Im Kollektivrecht möchte ich einen Beschluss des Ersten Senats vom 22. Juni 2021 in der Sache – 1 ABR 28/20 – hervorheben. Die DHV Die Berufsgewerkschaft e. V. ist seit dem 21. April 2015 tarifunfähig, weil sie seit diesem Zeitpunkt mit Blick auf ihren satzungsgemäßen Organisationsbereich nicht hinreichend durchsetzungsfähig ist.[8]

Ausblick in einem Schlaglicht

Den Rechtsprechungsausblick möchte ich mit nur einem Schlaglicht beleuchten.

Der Zehnte Senat wird am 20. Juli 2022 in der Sache – 10 AZR 41/22 – darüber befinden, ob Reinigungskräfte, die eine Corona-Schutzmaske tragen müssen, Anspruch auf einen Erschwerniszuschlag haben.[9]

Projekte des Bundesarbeitsgerichts über die spruchrichterliche Tätigkeit hinaus

Neben der spruchrichterlichen Tätigkeit möchte ich noch auf zwei Projekte des Bundesarbeitsgerichts eingehen: die Aufarbeitung der möglichen NS-Belastung des Bundesarbeitsgerichts und die elektronische Gerichtsakte.

Forschungsvorhaben – Geschichte des Bundesarbeitsgerichts

Zunächst will ich die Aufarbeitung der Vergangenheit umreißen, der Blick zurück.

---

8 Der EGMR hat die Menschenrechtsbeschwerde auf der Grundlage von Art. 11 EMRK zur Entscheidung angenommen.

9 Der Zehnte Senat hat im konkreten Fall einen Anspruch auf Erschwerniszuschlag verneint.

Ich bin meiner Vorgängerin im Amt, Frau Präsidentin des Bundesarbeitsgerichts a. D. Ingrid Schmidt, sehr dankbar, dass sie für das Bundesarbeitsgericht das interdisziplinäre zeit- und rechtshistorische Forschungsprojekt „Das Bundesarbeitsgericht zwischen Kontinuität und Neuanfang nach 1954" in Auftrag gegeben hat. Besonders dankbar bin ich auch dem Haushaltsgesetzgeber für erhebliche Mittel, die dieses außerordentlich wichtige Projekt finanzieren.

Das Projekt leiten ein Historiker, Herr Prof. Dr. Wirsching, und zwei Juristen, Herr Prof. Dr. Walter und Herr Prof. Dr. Franzen. Die operative Forschungsarbeit verrichtet ein US-Amerikaner, Herr Dr. Miner.

Das im Jahr 2022 aufgenommene Projekt wird von den Wissenschaftlern im Augenblick konzipiert. Es ist auf einen Zeitraum von drei bis vier Jahren angelegt. Vorgesehen sind zwei Einzelstudien. Eine historische Kollektivbiografie untersucht in einem ersten Schritt die Lebensläufe der frühen Berufsrichterinnen und -richter sowie der ehrenamtlichen Richterinnen und Richter des Bundesarbeitsgerichts.

Eine juristische Studie soll sich in einem zweiten Schritt der Frage zuwenden, inwieweit sich in der frühen Rechtsprechung des Bundesarbeitsgerichts Kontinuitäten zu der Zeit des Nationalsozialismus feststellen lassen.

Es ist geplant, die Öffentlichkeit über den Stand der Forschung auch während des laufenden Projekts zu informieren.

Ergänzend mache ich auf die Pressemitteilung Nr. 28/21 des BAG vom 29. September 2021 aufmerksam.

Elektronische Gerichtsakte

Schließlich will ich auf die elektronische Gerichtsakte eingehen, das in die Zukunft gerichtete Projekt.

Hier kann ich es kurz machen. Nach jeweils vorgeschalteten Zeiten der doppelten – hybriden – Aktenführung in Papier und eAkte während eines Zeitraums von drei Monaten werden am Ende dieses Jahres voraussichtlich die letzten der zehn Senate des Bundesarbeitsgerichts ausschließlich elektronisch arbeiten.

Das ist ein sukzessiver Prozess. In diesem Zusammenhang möchte ich Sie auf die Pressemitteilung Nr. 18/21 des BAG vom 1. Juli 2021 aufmerksam machen.

Ich bedanke mich sehr herzlich für Ihre Aufmerksamkeit.

Festvortrag

Gewerkschaftsrechte in der EU – Die Pläne der EU-Kommission

Rede des Generaldirektors der Generaldirektion „Beschäftigung, Soziales und soziale Inklusion" Joost Korte, anlässlich des Jubiläumskongresses des Hugo Sinzheimer Instituts am 24. Juni in Berlin im Wortlaut

Guten Morgen, meine Damen und Herren,

Ich freue mich sehr auf einen Austausch mit Ihnen aus politischer und rechtswissenschaftlicher Sicht über die Gewerkschaftsrechte in der Europäischen Union und die Rolle der EU-Kommission. Erstens weil ich selbst Jurist bin und diese Themen mich interessieren und zweitens als Generaldirektor der Generaldirektion **„Beschäftigung, Soziales und soziale Inklusion"** der EU-Kommission.

Es ist mir eine besondere Freude, aus Anlass des Jahrestages des **Hugo Sinzheimer Instituts (HSI)** zu Ihnen zu sprechen, um einige Aspekte aus der EU-Perspektive beizutragen.

Das HSI für Arbeits- und Sozialrecht steht nicht nur in der Tradition eines bedeutenden Rechtswissenschaftlers und Rechtspraktikers. Es steht auch für fundierte internationale arbeits- und sozialrechtliche Forschung und Analysen, die den politischen Diskurs sehr bereichern.

Hugo Sinzheimer ist uns nicht nur als Wegbereiter des modernen Arbeitsrechts ein Begriff. Auch das **menschliche Schicksal** Hugo Sinzheimers wird uns in diesen Tagen wieder schmerzlich bewusst. Er war 1933 gezwungen, seine Heimat zu verlassen und ins Ausland zu flüchten. Er verstarb in den Niederlanden, meinem eigenen Heimatland.

Leider ist auch heute das **Unvorstellbare zurück** auf unserem Kontinent.

Der Krieg in der Ukraine, im direkten Umfeld der Europäischen Union, hat uns bewusst gemacht, dass Frieden – und das Friedensprojekt der EU – nicht einfach als selbstverständlich angesehen werden können.

Die **EU hat schnell und solidarisch reagiert**, das ist die gute Nachricht. Aber die Herausforderung bleibt groß und wird uns langfristig beschäftigen. Gestatten Sie, dass ich eingangs kurz auf die wichtigsten Maßnahmen der EU eingehe.

Daneben werde ich in **meinem Beitrag vier Hauptthemen** vertiefen:

Erstens die historischen Grundlagen und die Entwicklung des EU-Arbeitsrechts.

Zweitens den breiteren, gegenwärtigen politischen Kontext – wie zum Beispiel die Europäische Säule sozialer Rechte und die Konferenz zur Zukunft Europas.

Drittens konkrete Beispiele für Politikgestaltung und Initiativen der Kommission in letzter Zeit – zum Beispiel die Mindestlohn-Richtlinie, die vor drei Wochen vom Europäischen Parlament und Rat vereinbart wurde.

Viertens einen kurzen Ausblick auf die Arbeitswelt der Zukunft.

Meine Damen und Herren, zunächst zu dem Thema, das uns alle beschäftigt: die aktuelle geopolitische Situation.

Die EU-Mitgliedstaaten haben bereits fast **7 Millionen Menschen aus der Ukraine aufgenommen.** Wir haben **rasch gehandelt** und die EU hat am 4. März erstmals, seit ihrem Bestehen, die **Richtlinie von 2002 über den vorübergehenden Schutz** aktiviert.

Die Richtlinie beinhaltet auch das Recht der Geflüchteten, die hier bleiben wollen, in der EU zu arbeiten und Bestimmungen zum Zugang zu Berufs- und Erwachsenenbildung. Die Kommission hat hierzu vergangene Woche unter Federführung meiner Generaldirektion weitere **Leitlinien** präsentiert, um den Mitgliedstaaten zu helfen, diese Bestimmungen effektiv umzusetzen.

Eine enge Zusammenarbeit mit den Bildungs- und Berufsbildungsanbietern ist nötig, gerade **mit den Sozialpartnern als Teil einer "gelebten Solidarität"**. Dies stellt sicher, dass die angebotenen Weiterbildungs- und Umschulungsmöglichkeiten auch dem Bedarf des Arbeitsmarktes entsprechen.

Auf der **Finanzierungsseite** haben wir dafür gesorgt, dass die Mitgliedstaaten flexibel auf EU-Gelder zugreifen können, um Geflüchtete zu unterstützen. Dazu dient zum Beispiel die „CARE“ (Cohesion's Action for Refugees in Europe) Verordnung. 10 Mitgliedstaaten haben sich zurzeit bereit erklärt 1 Milliarde Euro aus Mitteln der Kohäsionsfonds, einschließlich des Europäischen Sozialfonds, bereitzustellen.

Es ist sehr wichtig, diese konkrete europäische Solidarität in den nächsten Wochen und Monaten weiter zu gestalten. Die Entscheidung von gestern zum Kandidatenstatus der Ukraine und Moldawien ist ein großer Schritt in diese Richtung.

Damit komme ich zu unserem eigentlichen Thema: den rechtlichen Aspekten und den **Grundlagen der Arbeits- und Sozialpolitik auf EU-Ebene.**

Rückblickend sehen wir, dass die Fortschritte bei der Integration auf EU-Ebene oft von Krisen angekurbelt wurden. Die wirtschaftlichen Schocks der Siebziger Jahre zum Beispiel führten zum ersten **„Sozialaktionsprogramm“** der Kommission von 1974, das über einen anfänglichen Zeitraum von drei bis vier Jahren mehr als 30 Maßnahmen umfasste.

Diese betrafen die Bereiche **Geschlechtergleichstellung, Gesundheitsschutz und Sicherheit, sowie steigende Arbeitslosigkeit.**

Es ist unmöglich, über ein soziales Europa zu sprechen, ohne an den ehemaligen Präsidenten der Europäischen Kommission **Jacques Delors** zu erinnern. Er wusste, dass der **Binnenmarkt ohne eine soziale Dimension** keine öffentliche Unterstützung erhalten würde. Das ist meiner Ansicht nach auch heute noch eine korrekte Einschätzung.

Wenn wir auf den anderen entscheidenden Wendepunkt, den **Vertrag von Maastricht und die vorhergehende Sozialcharta**, blicken, sehen wir auch die entscheidende Rolle der europäischen Sozialpartner.

Mit dem **Sozialkapitel des Vertrags von Maastricht von 1992** wurden die materiellen Bestimmungen eingeführt, die wir heute in Artikel 153 des Vertrags über die Arbeitsweise der Europäischen Union kennen.

Damit wurde auch eine **neue einzigartige Methode** zur Ausarbeitung von EU-Rechtsvorschriften geschaffen – durch eine **Vereinbarung der EU-Sozialpartner**, die dann *erga omnes* als Richtlinie des Rates angenommen wird.

So wurden Ende der Neunziger Jahre Richtlinien über befristete Arbeitsverträge und Teilzeitarbeit erlassen. Und der Wortlaut anderer Richtlinien wie der Richtlinie über Leiharbeit aus dem Jahr 2008 basierte weitgehend auf den Ergebnissen der Verhandlungen der Sozialpartner.

Im Wesentlichen haben sich die EU-Vorschriften im sozialen Bereich seitdem **schrittweise weiterentwickelt**, um gleiche soziale Wettbewerbsbedingungen für den Binnenmarkt zu gewährleisten. Dadurch wird ein **„Wettlauf nach unten“ bei sozialen Standards verhindert.**

Obwohl die Richtung, in die wir gehen klar ist, werden **Sozialvorschriften auf EU-Ebene immer kontrovers** sein, da sie die Kernkompetenzen der Staaten und der Sozialpartner selbst berühren.

Ein Beispiel ist die **Arbeitszeitrichtlinie** und die Rechtsprechung des Gerichtshofs dazu, aber auch die Entsenderichtlinie.

Wir werden uns immer mit Fragen zu den **Grenzen des Handelns der EU** auseinandersetzen.

Was ist ein legitimer Mindeststandard, und was ist ein Eingriff in die Autonomie der Mitgliedstaaten, der Sozialpartner oder der Arbeitgeber?

In welchen Bereichen sollte die EU tätig werden, um einen grundlegenden Arbeitnehmerschutz und gleiche Wettbewerbsbedingungen zu gewährleisten?

Wie kann sichergestellt werden, dass die **Schlüsselrolle der Sozialpartner** bei der Schaffung und Anpassung von Vorschriften an ihre Gegebenheiten in der Gestaltung des EU-Rechts angemessen berücksichtigt wird?

Die ersten arbeitsrechtlichen Richtlinien der EU, wie die Richtlinien über Massenentlassungen und den Übergang von Unternehmen in den 70er Jahren zielten darauf ab, die **kollektive** Fähigkeit der Sozialpartner zur Bewältigung von Veränderungen im Produktionssystem anzuerkennen und zu fördern.

Die jüngsten Rechtsvorschriften in diesem Bereich hingegen sind stärker auf den Schutz der **individuellen Rechte der Arbeitnehmer** ausgerichtet.

Diesen Sommer tritt die **Richtlinie über transparente und verlässliche Arbeitsbedingungen** in Kraft. Sie gilt für alle Arbeitnehmer in bestimmten Situationen der Schutzbedürftigkeit (z. B. Arbeit auf Abruf, Bewährungshelfer), und legt Mindeststandards für den Schutz aller Arbeitnehmer in solchen Situationen fest.

Allerdings sind die **individuellen und kollektiven Rechte** eindeutig zwei **Seiten einer Medaille.** Dies wird in der europäischen Säule sozialer Rechte mit ihren 20 Grundsätzen deutlich zum Ausdruck gebracht und gefördert: Dort sind sowohl die individuellen als auch die kollektiven Rechte genannt.

Die **Europäische Säule sozialer Rechte von 2017** und der Aktionsplan zu deren Umsetzung vom März letzten Jahres haben den Rechtsvorschriften zum Schutz der Arbeitnehmer neue Impulse verliehen. Sie geht zurück auf eine Initiative des damaligen Kommissionspräsidenten J.-C. Juncker.

Der Aktionsplan zielt darauf ab, **alle relevanten Akteure** (EU, nationale, regionale und lokale Behörden, Sozialpartner und Zivilgesellschaft) dazu zu bewegen, Maßnahmen zu ergreifen, um die 20 Grundsätze, die das soziale Europa beschreiben, umzusetzen.

In dem Aktionsplan werden **drei Kernziele für die EU** in den Bereichen Beschäftigung, Kompetenzen und Armutsbekämpfung bis 2030 festgelegt:

Mindestens **78 %** der Bevölkerung zwischen 20 und 64 Jahren sollen einen **Arbeitsplatz** haben.

Mindestens **60 %** aller Erwachsenen sollen jedes Jahr an **Fortbildungen** teilnehmen.

Die Anzahl der von **Armut oder sozialer Ausgrenzung** bedrohten Menschen soll um mindestens **15 Millionen sinken.**

Die Staats- und Regierungschefs der EU begrüßten diese Kernziele in ihrer **Erklärung von Porto** vom 8. Mai 2021 und in den Schlussfolgerungen des Europäischen Rates vom 25. Juni 2021.

Und nur ein Jahr später, genau letzte Woche, haben die für Beschäftigung und Soziales zuständigen Ministerinnen und Minister der EU ihre nationalen Ziele für die Umsetzung des Aktionsplans zur Säule bis 2030 präsentiert.

Das Resultat ist hervorragend: Zusammengenommen werden die Verpflichtungen der Mitgliedstaaten dafür sorgen, dass die drei sozialen EU-Kernziele (zum Teil) sogar übertroffen werden. Das ist ein starkes Zeichen für ein gerechtes und inklusives Europa voller Chancen.

Wenn wir über das politische Gesamtbild nachdenken, dann darf an dieser Stelle die Konferenz zur Zukunft Europas nicht fehlen. Bürgerinnen und Bürger haben ihre Vision für ein Europa vorgelegt, das in zentralen Bereichen Ergebnisse liefert.

Auch **Gewerkschaftsvertreterinnen und -vertreter** haben sich aktiv in den Prozess eingebracht und diesen mit Ideen aus der Praxis mitgestaltet.

Die Kommission hat in der vergangenen Woche (17. Juni) – nur wenige Wochen nachdem der Prozess am Europatag am 9. Mai endete – als erste Maßnahme im Nachgang der Konferenz die **Mitteilung *„Putting Vision into Concrete Action“*** (also: Vision in Handlung umsetzen) vorgelegt. Darin beschreibt sie, wie sie die Ergebnisse der Konferenz zur Zukunft Europas umsetzen kann.

Einige der im Abschlussbericht der Konferenz genannten 49 Vorschläge und mehr als 320 einzelnen Maßnahmen haben die **soziale Dimension im Blick.** In mehreren Bereichen hat die EU bereits Initiativen ergriffen. Unter anderem mit der Richtlinie zum Mindestlohn.

Neue Vorschläge könnte dann Kommissionspräsidentin von der Leyen im September 2022 in der Rede zur Lage der Union ankündigen.

Lassen Sie mich nun auf einige konkrete aktuelle Initiativen eingehen.

Anfang dieses Monats haben der Rat und das Europäische Parlament eine Einigung über eine Richtlinie über angemessene Mindestlöhne in der EU erzielt.

Ich begrüße die Unterstützung Deutschlands für diese Einigung.

Die Diskussionen und die jüngste Einigung über Mindestlöhne verdeutlichen diese enge Linie zwischen den Zuständigkeiten der EU und der Mitgliedstaaten im Bereich des Arbeitsrechts.

Wobei das EU-Recht einen Rahmen für eine bessere Festlegung von Mindestlöhnen ermöglicht, und zu unterscheiden ist von der Zuständigkeit der Mitgliedstaaten für die Wahl ihrer tatsächlichen Lohnfestsetzungssysteme und der Höhe der Mindestlöhne.

Ich glaube, dass die deutschen Gewerkschaften mit der erzielten politischen Einigung zufrieden sein können, auch weil sie die von der Europäischen Kommission ursprünglich vorgeschlagenen Maßnahmen zur Förderung von Tarifverhandlungen bei der Lohnfestsetzung verstärkt.

Ich komme nun auf Initiativen zu sprechen, die die Sozialpartner ganz unmittelbar betreffen.

Das europäische Sozialmodell und unsere soziale Marktwirtschaft bedarf einer starken und lebendigen **Sozialpartnerschaft.**

Beispielsweise sind die Sozialpartner eng im **Europäischen Semester** eingebunden, dem Mechanismus der EU zur Koordinierung von Wirtschafts- und Sozialpolitik in den Mitgliedstaaten.

Auch werden die **Übergänge zu einer digitalen und klimaneutralen Wirtschaft** nur gelingen, wenn sie fair und sozialverträglich gestaltet werden. Und hierbei müssen die Sozialpartner voll eingebunden werden.

Die **Kommission von der Leyen** hat es sich zum Ziel gesetzt, die Sozialpartnerschaft auf europäischer und nationaler Ebene zu stärken. Im Herbst wird sie dazu **eine Initiative zur Stärkung des sozialen Dialogs auf nationaler und europäischer Ebene** vorlegen.

Dazu werden wir erstens **Vorschläge zur Stärkung des sozialen Dialogs auf EU-Ebene** unterbreiten. Wir wünschen uns eine noch aktivere Sozialpartnerschaft. Dass die branchenübergreifenden Sozialpartner angekündigt haben, die Verhandlung eines Abkommens zur Telearbeit anzustreben, ist ein gutes Zeichen und macht Hoffnung.

Im Nachgang zum sogenannten **EPSU-Urteil** des Europäischen Gerichtshofs wird die Kommission auch darlegen, wie sie in Zukunft mit Abkommen der europäischen Sozialpartner umgeht, die zur Umsetzung in EU-Recht vorgeschlagen werden.

Um die Erfolgschancen der Abkommen zu erhöhen, möchten wir den Sozialpartnern anbieten, während der Verhandlungen ein **frühes informelles Feedback** sowie auch Unterstützung mit Blick auf die **rechtlichen Formulierungen** zu bekommen. Aber natürlich soll die Autonomie der Sozialpartner voll gewahrt bleiben.

Zweitens werden wir im Hebst gleichzeitig einen **Vorschlag für eine Ratsempfehlung** vorlegen mit Empfehlungen für Maßnahmen zur Stärkung des **sozialen Dialogs auf nationaler Ebene.**

Die Ratsempfehlung wird darauf abzielen, die Mitgliedstaaten bei der Umsetzung der **Europäischen Säule der sozialen Rechte** zu unterstützen. Das Gebot zur Förderung des sozialen Dialogs ist dort, wie schon genannt, im Grundsatz 8 festgehalten.

Konkret wird es bei der Ratsempfehlung um die Einbeziehung der **Sozialpartner in nationale politische Reformen** gehen sowie die Förderung von Tarifvereinbarungen und die Stärkung der Kapazitäten von Sozialpartnern, wo dies nötig ist.

Die Ratsempfehlung wird auch eine Reihe von konkreten Handlungsempfehlungen enthalten.

Dabei werden wir natürlich der Autonomie der Sozialpartner wie auch der unterschiedlichen nationalen Systeme Rechnung tragen.

Zur Förderung von Tarifvereinbarungen bedarf es zunächst einmal der Anerkennung von Sozialpartnern, der Möglichkeit für Tarifverhandlungen auf allen Ebenen. Die Regierungen können mit vertrauensbildenden Maßnahmen helfen.

Wir sind zuversichtlich, dass von der geplanten Ratsempfehlung ein wichtiger Impuls zur Förderung des sozialen Dialogs in den Mitgliedstaaten ausgehen wird.

Ich weiß, wie wichtig die **„Mitbestimmung" in Deutschland** ist – als wesentliches Merkmal der deutschen Corporate Governance und als Quelle der sozialen Legitimität und Stabilität des Managements von Unternehmen. Damit trägt sie zur Gesamtleistung des Wirtschaftssystems bei.

Das EU-Arbeitsrecht und das EU-Gesellschaftsrecht haben die nationalen Systeme der Arbeitsbeziehungen stets sorgfältig beachtet und versucht, ein **Gleichgewicht zwischen dem Recht von Unternehmen auf Verlegung oder Änderung der Struktur und dem Schutz der Arbeitnehmerinnen und Arbeitnehmer zu finden.**

Interessant ist hier die Rechtssache IG Metall, die das Bundesarbeitsgericht dem Gerichtshof der Europäischen Union vorgelegt hat. Darin wird zum ersten Mal geklärt, ob ein Unternehmen, das nach Unionsrecht aus einer deutschen Gesellschaft in eine Europäische Gesellschaft umgewandelt wurde, das deutsche Mitbestimmungsmodell auf die gegründete Europäische Gesellschaft anwenden muss.

Die Position der Kommission ist dabei klar, sowie auch die des Generalanwalts: Das Unionsrecht verlangt unserer Ansicht zufolge, dass alle Merkmale der früheren Beteiligungsregelung gewahrt werden müssen, die vor der Umwandlung der Gesellschaft in eine Europäische Gesellschaft bestanden haben. Die Anwendung des EU-Rechts sollte nicht dazu führen, dass die Rechte der Arbeitnehmerinnen und Arbeitnehmer verwässert werden.

Lassen Sie mich nun einige Aspekte zum Themenbereich „Zukunft der Arbeit" anmerken, zunächst zur Plattformarbeit.

Heute arbeiten mehr als 28 Millionen Menschen in der EU über digitale Arbeitsplattformen. Bis 2025 wird ihre Zahl auf 43 Millionen steigen.

Wir müssen die Chancen digitaler Plattformen optimal nutzen. Gleichzeitig müssen wir dafür sorgen, dass es sich dabei um **Arbeitsplätze mit angemessenen Arbeitsbedingungen** handelt.

Im Dezember letzten Jahres hat die Kommission deshalb einen **Vorschlag für eine Richtlinie** zur Verbesserung der Arbeitsbedingungen in der Plattformarbeit vorgelegt.

Das Hauptziel ist es, die **korrekte Einstufung des Beschäftigungsstatus** durch **widerlegbare Vermutung** zu gewährleisten.

Die Richtlinie beinhaltet auch ein ganzes Kapitel über **algorithmisches Management** mit neuen Rechten in Bezug auf Transparenz, Information, Rechtsschutz und menschliche Aufsicht. Wir haben die kollektive Dimension integriert und vorgeschlagen, dass Plattformarbeiter zusammenkommen können und zu algorithmischen Managemententscheidungen konsultiert werden, um den **sozialen Dialog in der Plattformarbeit** zu unterstützen. Die französische Ratspräsidentschaft hat einen Fortschrittsbericht vorgelegt und die tschechische Ratspräsidentschaft strebt ein Verhandlungsmandat zum Ende des Jahres an, damit die Triloge mit dem Europäischen Parlament Anfang 2023 beginnen können.

Gleichzeitig hat die Kommission **Leitlinien** veröffentlicht, um die Anwendung des EU-Wettbewerbsrechts auf Tarifverträge von **Solo-Selbstständigen** zu klären. Dies stärkt die Position solo-selbstständiger Plattformtätiger und ermöglicht es ihnen, gemeinsam der Verhandlungsmacht der Plattformen entgegenzutreten.

Rasche Fortschritte bei digitalen Technologien wie künstliche Intelligenz (KI) sowie Globalisierung und demografischer Wandel wirken sich stark auf die Arbeitsmärkte aus. **KI und Automatisierung** können zwar die Produktivität einiger Arbeitnehmer steigern, sie können aber die Arbeit anderer ersetzen und werden wahrscheinlich **fast alle Berufe** zumindest bis zu einem gewissen Grad **verändern.**

Der Einsatz von Algorithmic Management Tools stellt auch Gewerkschaften und Betriebsrätinnen und Betriebsräte vor neue Herausforderungen. Mit der zunehmenden Verlagerung in den digitalen Raum wird es für diese oftmals **schwieriger, Arbeitnehmerinnen und Arbeitnehmer zu erreichen** und in Kontakt zu ihnen treten.

Wo dies erforderlich ist, müssen wir den **richtigen Rechtsrahmen** schaffen, um die Arbeitnehmerinnen und Arbeitnehmer vor möglichen negativen Auswirkungen durch die Einführung neuer Technologien zu schützen und die Annahme technologischer Lösungen zu fördern, die die Arbeitsbedingungen verbessern würden.

Telearbeit und andere hybride Arbeitsformen sind heutzutage nicht mehr wegzudenken. Nach Schätzungen von „Eurofound" – der „Europäischen Stiftung zur Verbesserung der Lebens- und Arbeitsbedingungen" – könnten etwa **37 % der Jobs aus der Ferne** ausgeführt werden. Wenn Telearbeit jedoch nicht reguliert ist, kann sie Nachteile mit sich bringen: sie kann zu übermäßigen Arbeitszeiten und unvorhersehbaren Arbeitszeiten führen, was sich negativ auf die Arbeitsplatzqualität, das Wohlbefinden und die psychische Gesundheit der Arbeitnehmer auswirkt.

In der **Entschließung des Europäischen Parlaments** vom Januar 2021 zu Telearbeit und dem Recht auf Nichterreichbarkeit werden sehr große Herausforderungen in diesem Bereich aufgezeigt und Maßnahmen auf EU-Ebene gefordert.

Derzeit analysiert die Kommission die Trends, Entwicklungen und Auswirkungen von Telearbeit und dem Recht auf Nichterreichbarkeit im Detail.

Die Sozialpartner spielen eine **zentrale Rolle** bei der Aushandlung, Anwendung und Überwachung von Vorschriften im Zusammenhang mit den Herausforderungen der Digitalisierung der Arbeitswelt, einschließlich der Telearbeit und des Rechts auf Nichterreichbarkeit.

Wir begrüßen daher, dass die **branchenübergreifenden Sozialpartner in der EU** ihre Absicht bekundet haben, eine Vereinbarung zu diesen Themen auszuhandeln und er Kommission vorzulegen zur Umsetzung in einer EU-Richtlinie auf der Grundlage des Artikels 155 EGV. Das würde zeigen, dass der soziale Dialog auf EU-Ebene Ergebnisse liefern kann.

Meine Damen und Herren, lassen Sie mich zum Abschluss daran erinnern, dass die Europäische Union **einzigartig** ist – zusammengehalten durch die Stärke des Rechts, statt des Rechts der Stärksten.

Walter Hallstein, der erste Präsident der Kommission, bezeichnete Europa als eine **Rechtsgemeinschaft.**

Auch mit dem Arbeits- und Sozialrecht wird diese Gemeinschaft weiterentwickelt.

Und wir wissen, dass wir noch lange nicht am Ziel sind.

Lassen Sie uns gemeinsam daran arbeiten, die soziale Dimension weiter zu vertiefen.

Vielen Dank und ich freue mich auf eine interessante Diskussion!

Mitbestimmung und Gewerkschaftsrechte in Zeiten der Transformation

Rede des Ersten Vorsitzenden der IG Metall, Jörg Hofmann, anlässlich des Jubiläumskongresses des Hugo Sinzheimer Instituts am 23. Juni 2022 in Berlin im Wortlaut

Sehr geehrte Damen und Herren, liebe Kolleginnen und Kollegen,

ich freue mich sehr über die Einladung und die Gelegenheit, heute hier sprechen zu dürfen.

Es ist ein schöner Anlass, zu dem wir hier zusammengekommen sind: Zehn plus zwei Jahre HSI – ein stolzes Dutzend.

Ich möchte im Namen des IG Metall-Vorstands ganz herzlich zu diesem etwas unrunden Jubiläum gratulieren.

Denn coronabedingt kann das erste Jahrzehnt des Wirkens des Hugo Sinzheimer Instituts erst heute, zwei Jahre verspätet, gefeiert werden – vielen Veranstaltungen und Feiern ging das bereits so in der letzten Zeit.

In dieser Zeit hat sich das HSI mittlerweile von einem kleinen – aber immer feinen – Institut zu einer sehr renommierten Institution im Arbeits- und Sozialrecht gemausert.

In den arbeitsrechtlichen Debatten haben die Gewerkschaften und die Interessen der Beschäftigten mit dem HSI eine Stimme, der man zuhört, die Gewicht hat, die wahrgenommen wird.

Das hängt vor allem an der juristischen Expertise und Qualität. Und auch daran, dass die Kolleginnen und Kollegen des Instituts immer ein Ohr in den Betrieben haben – also viel praxisnäher als andere sind und daher wissen, wie das Recht im Betrieb praktisch wirkt. Und wo es welche Änderungsnotwendigkeiten gibt.

Mit beidem verschafft sich das HSI großes Gewicht in der arbeitsrechtlichen Debatte.

Den geschichtlichen Teil werde ich kurzhalten. Aber lassen Sie mich dennoch an die Anfänge erinnern. Was war Ausgangspunkt für die Gründung?

2010 war der Zeitgeist ein rauer. Die Agenda 2010 entfaltete ihre volle Wirkung auf den Arbeitsmarkt mit all' ihren negativen Begleiterscheinungen. Und eine schwarz-gelbe Regierung mit einer vor Kraft kaum laufen könnenden – deutlich neoliberal ausgerichteten – FDP war gerade frisch gewählt.

Zur Erinnerung: Es war zu dieser Zeit schick, den Kündigungsschutz als eine Ursache von Arbeitslosigkeit oder die Mitbestimmung als Nachteil für den Standort Deutschland darzustellen.

Der Kampf zwischen Kapital und Arbeit fand aber nicht nur politisch, sondern auch auf juristischer und arbeitsrechtlicher Ebene statt. Arbeitgeber und ihre Verbände hatten großen – zu großen – Einfluss auf den Diskurs rund um Arbeitsrecht und Rechtssoziologie.

Aus Sicht der Gewerkschaften galt es, eine stärkere wissenschaftliche Stimme im Arbeits- und Sozialrecht für Arbeitnehmerinnen, Arbeitnehmer und Gewerkschaften zu erzielen und damit überhaupt erst echte Pluralität des wissenschaftlichen Diskurses sicherzustellen. Es galt aber auch, mehr Einfluss in den Debatten zu gewinnen, Geländegewinne zu erzielen.

Berthold Huber sagte bei der Gründung des HSI 2010: „Angesichts wesentlicher Weichenstellungen für die Zukunft des Arbeitsrechts bedarf es einer zusätzlichen Plattform, um die nötige Weite und Pluralität des wissenschaftlichen Diskurses sicherzustellen. Deswegen haben wir uns entschlossen, dieses neue Institut zu gründen. Es ist dem humanistischen Erbe Hugo Sinzheimers und mithin der Freiheit und Würde des arbeitenden Menschen‘ verpflichtet. So ist es in der Präambel des HSI festgelegt."

Warum aber Sinzheimer?

Kein Name steht mehr für die Integration von rechtlichen, soziologischen und internationalen Aspekten, letztendlich für ein soziales menschenwürdiges Arbeitsrecht als Hugo Sinzheimer.

Als Rechtswissenschaftler, Rechtspraktiker, Rechtspolitiker und Soziologe vereinte er unterschiedlichste Perspektiven auf das Arbeitsrecht. Er initiierte 1921 die Akademie der Arbeit, heute Europäische Akademie der Arbeit – eine bedeutende gewerkschaftliche Institution, in der ganze Generationen „Gewerkschaft" lernten und lernen. Mit der Academy of Labour und der University of Labour wurde sie zu einem House of Labour weiterentwickelt.

Auf das, was Sinzheimer auf den Weg gebracht hat, blicken wir heute mit einer scheinbaren Selbstverständlichkeit:

- Arbeitsrecht als ein selbstständiges Rechtsgebiet,
- der Tarifvertrag als erfolgreiches autonomes Gestaltungs- und Schutzinstrument,
- und dazu eine funktionierende Arbeitsgerichtsbarkeit.

Die solidarische Mitbestimmungspraxis – so wie sie sich seit 60 Jahren herausgebildet hat – wäre bei einer zersplitterten Gewerkschaftslandschaft und nicht aus eigener Organisationskraft handlungsstarker Gewerkschaften nicht vorstellbar.

Das ist einerseits eine Erfolgsgeschichte. Es ist heute andererseits aber auch der Zeitpunkt festzustellen, dass ein halbes Jahrhundert politischer Stillstand genug sind.

Vor ziemlich genau drei Jahren – am 29. Juni war es – demonstrierten am Brandenburger Tor gut 50.000 Metallerinnen und Metaller für eine soziale, ökologische und demokratische Zukunft. Ein beeindruckender Ausdruck der Beschäftigten für einen fairen Wandel, bei dem niemand unter die Räder kommen soll.

Denn die Beschäftigten spürten und spüren den großen Veränderungsdruck, unter dem viele Branchen und Betriebe stehen, tagtäglich. In den letzten beiden Jahren haben wir erlebt, wie dieser dynamische Prozess der Transformation von Industrie und Arbeitswelt noch einmal durch die Corona-Pandemie, den Halbleitermangel sowie andere Störungen in den Lieferketten beschleunigt wurde. Ganz aktuell belastet uns zusätzlich der Ukraine-Krieg.

Die Gewerkschaften reagieren hierauf und sind mit ihren Interventionen auf der Höhe der Zeit. Doch die rechtliche Rahmung, auf deren Grundlage sie heute arbeiten, stammt aus einer Zeit, in der es die Digitalisierung schlechterdings noch nicht gab. Deshalb ist die Weiterentwicklung von Gewerkschaftsrechten und Mitbestimmung immer auch im Kontext dieser Transformation zu betrachten. Denn in solchen Phasen der Umbrüche wird versucht, das Terrain neu zu vermessen und erkämpfte Rechte als nicht mehr in die Zeit passend zu diskreditieren.

Die konkreten Fragestellungen haben sich seit damals zwar grundlegend geändert, die grundsätzliche Auseinandersetzung ist aber die ewig gleiche in lediglich neuen Facetten. Nehmen wir nur das Thema Arbeitszeit.

Sie kennen sicher die Manager, die abends an der Hotelbar über ihre Jetlags klagen und dass sie jetzt endlich mal ausschlafen müssen. Wo ist da die Rede von den Millionen Schichtarbeiterinnen und Schichtarbeitern, die Woche für Woche und Tag für Tag ihren Jetlag verarbeiten müssen und keine Zeit zum Ausschlafen haben, wenn es keine Ruhezeiten, wenn es keine Höchstarbeitszeiten gibt?

Denken Sie an die Behauptung, für mehr Wettbewerbsfähigkeit bräuchten wir eine Auflösung der starren Mitbestimmung und Tarifverträge. Nein, wir haben hundertfach unter Beweis gestellt, dass das kein Widerspruch ist.

Unser Anspruch ist klar: Als Ergebnis der Transformation soll es demokratischer, sozialer und ökologischer in Betrieb und Gesellschaft zugehen.

Und ohne die Beteiligung der Beschäftigten wird die Transformation der Arbeitswelt nicht gelingen. Betriebsratsmitglieder und Gewerkschaften haben den Anspruch, die Arbeitswelt mitzugestalten, Einfluss zu nehmen, gute Arbeit und Sicherheit mit den Kolleginnen und Kollegen zu gestalten.

Beteiligung ist die Erfahrung, dass sich durch die eigene Stimme etwas verändert. Das ist die demokratischste Erfahrung, die man machen kann.

Im Koalitionsvertrag finden sich hierzu einige positive Aspekte zur Weiterentwicklung der Mitbestimmung, etwa im Bereich der digitalen Betriebsratsarbeit oder durch Sanktionierung der Behinderung von Betriebsratsarbeit. Auch in der Unternehmensmitbestimmung ist beabsichtigt, dass es nicht mehr zur vollständigen Mitbestimmungsvermeidung bei der Gründung von neuen SE-Gesellschaften kommen kann.

Aber das reicht nicht. Als Gewerkschaften haben wir mehr Anforderungen an die Mitbestimmung im 21. Jahrhundert.

Deshalb hat eine Gruppe von Expertinnen und Experten aus den DGB-Gewerkschaften und der Hans-Böckler-Stiftung gemeinsam mit Rechtswissenschaftlerinnen und Rechtswissenschaftlern unter der Leitung von Thomas Klebe – vielen Dank dafür – ein detailliertes Reformkonzept in Form eines Gesetzesvorschlags erarbeitet. Es beinhaltet wichtige Reformvorschläge im Umgang mit der Transformation respektive Digitalisierung zu den Bereichen Beteiligung, Beschäftigungssicherung oder Personalplanung.

Auch die Grundlagen der Betriebsratsarbeit gehören novelliert, etwa bei Fragen der Freistellung oder Vergütung von Betriebsratsmitgliedern. Vor allem letzteres beschäftigt die Arbeitsgerichte immer wieder und immer häufiger.

Überhaupt müssen die Rechte des Betriebsrats im Hinblick auf die Digitalisierung und Transformation grundlegend ausgebaut werden. Es braucht Mitbestimmungsrechte auf Augenhöhe in sozialen, personellen und wirtschaftlichen Angelegenheiten.

Die Transformation muss aber durch einen verlässlichen Sozialstaat auch arbeitsmarkt-, sozial- und strukturpolitisch flankiert werden. Schwerpunkte sind dabei die Schaffung sozial abgesicherter Übergänge zwischen Beschäftigung, Nichterwerbstätigkeit und Ruhestand sowie die arbeitsmarktpolitische Förderung von Qualifizierung.

Die Ampelkoalition hat das in einem Punkt erkannt und will neben weiteren Instrumenten aktiver Arbeitsmarktpolitik auch tarifliche Lösungen unterstützen.

Es werden sich immer mehr Menschen darauf einstellen, dass ihr einmal erlerntes Berufsbild sie nicht mehr auf Dauer nach vorne trägt. Dann ist berufliche Umorientierung oder Weiterqualifizierung nötig, um die Chancen auf die eigene berufliche Entwicklung zu erhalten. Das wird unausweichlich kommen – auch wenn viele keine Veränderungen wünschen.

Und all das braucht neben dem politischen Willen und der gewerkschaftlichen Handlungsmacht einen rechtspolitischen Rahmen, in dem sich das alles einbettet.

Aber auch auf europäischer Ebene bewegt sich etwas. Seit April 2021 liegt ein Entwurf der EU-Kommission über eine neue KI-Verordnung dem EU-Parlament und Europäischen Rat zur Beratung und Entscheidung im zweiten Halbjahr 2022 vor. Künstliche Intelligenz wird immer stärker zur betrieblichen Realität in den Betrieben. Aber dahinter gibt es ein großes Regelungs-Delta. So auch in dem vorliegenden Kommissionsentwurf. KI im Beschäftigungskontext wird hier zwar als „Hochrisiko-Anwendung“ klassifiziert. Die IG Metall fordert aber eine Öffnungsklausel für nationale Rechtsvorschriften und Tarifverträge sowie Betriebs- und Dienstvereinbarungen analog zu Art. 88 DSGVO zur Ausgestaltung von KI-Anwendungen in den Bereichen Arbeit, Bildung und Beschäftigung.

Ich erwähne das auch deshalb, weil das internationale Recht und dabei vornehmlich die Europäisierung des Arbeitsrechts, das immer größere Auswirkungen auf den nationalen Rechtsrahmen hat, inzwischen eine besondere Rolle spielt und das HSI über diese aktuellen Entwicklungen in der Rechtsprechung zum europäischen Arbeitsrecht regelmäßig informiert.

Daneben muss, das ist das zweite große Thema neben der Stärkung der Mitbestimmung und einem handlungsfähigen Sozialstaat, die Tarifbindung gestärkt werden.

Das solidarische Miteinander für mehr Gerechtigkeit und unsere Fähigkeit, durch Tarifpolitik für Arbeitsbedingungen und Entgelte zu kämpfen – das bildet den Markenkern unserer IG Metall.

Weil wir eben schon das Stichwort Europa hatten: Auch hier liegt aktuell im Rahmen einer EU-Richtlinie für angemessene Mindestlöhne erstmals ein europäischer Impuls zur Ausweitung der Tarifbindung auf dem Tisch. Mitgliedsländer müssen die Zielmarke von 80 Prozent Tarifbindung – und nicht nur Tarifgeltung – anstreben. Falls sie darunterliegen, sollen die Mitgliedstaaten verpflichtet werden, einen Aktionsplan zur Erreichung dieser Schwelle vorzulegen. Das ist zu begrüßen.

Der Flächentarifvertrag ist nach wie vor das zentrale Instrument, um branchenweit die Arbeitsbedingungen und Einkommen der Beschäftigten zu regulieren. Zwar gab es schon bisher in den Flächentarifen gegenüber dem Gesetz erweiterte Mitbestimmungsrechte für Betriebsräte, etwa bei der Arbeitszeit.

In der IG Metall hat es mit dem Pforzheimer Abkommen von 2004 aber bewusst eine tarifvertragliche Zäsur gegeben: Zur Sicherung und Entwicklung von Beschäftigung kann es durch die Tarifvertragsparteien kontrollierte befristete Abweichungen vom Flächentarifvertrag geben. Damit konnten erstmals Themen wie Beschäftigungszahlen, Investitionen, Produkte und Innovationen in einem Unternehmen verbindlich geregelt werden. Oder anders: Wirtschaftliche Mitbestimmung wurde als Handlungsfeld betriebsnaher Tarifpolitik eröffnet.

Wir haben bereits heute viele Zukunftsthemen in Tarifverträgen geregelt. In der Metall- und Elektroindustrie sind das zum Beispiel Alterssicherung, Bildung und flexible Arbeitszeitmodelle. Beschäftigte in starren Schichtsystemen und in besonderen persönlichen Lebenssituationen können freie Tage statt Geld wählen.

Mit dem Tarifabschluss 2021 ist es der IG Metall gelungen, ein weiteres Element moderner Tarifpolitik zu erkämpfen: Das Transformationsgeld ist eine jährliche Sonderzahlung, die eine Wahloption für Beschäftigungssicherung ist. Denn das Transformationsgeld kann im Betrieb bei einer Arbeitszeitabsenkung zur Beschäftigungssicherung etwa auf eine Vier-Tage-Woche als Teilentgeltausgleich genutzt werden. Dadurch können Arbeitszeiten reduziert und somit Beschäftigung gesichert werden, etwa in längeren Transformationsphasen – und gleichzeitig bleibt das Monatsentgelt stabil.

Die Wahloption wird auf betrieblicher Ebene geregelt und kann nur durch Zustimmung des Betriebsrats genutzt werden. Dies gilt auch für die Ablehnung des Anspruchs auf freie Tage statt Entgelt. So wie es unser Tarifvertrag seit 2018 vorsieht. Außerdem hat der 4. Senat des Bundesarbeitsgerichts am 20. Januar 2021 entschieden:

> *„Durch eine vertragliche Bezugnahme auf Tarifverträge werden betriebsverfassungsrechtliche Tarifregelungen nicht wirksam für das Arbeitsverhältnis vereinbart. Die Arbeitsvertragsparteien haben mangels gesetzlicher Ermächtigungsgrundlage nicht die Kompetenz, betriebsverfassungsrechtliche Regelungen zu vereinbaren. Die Bezugnahmeabrede ist mangels Regelungskompetenz nach § 134 BGB insoweit nichtig. Die in der vertraglichen Vereinbarung enthaltene Verweisung auf die tariflichen Inhaltsnormen wird von der Teilnichtigkeit grundsätzlich nicht erfasst.“*

Und zur Sicherung der Zukunft hat die IG Metall Rahmenregeln für Zukunftstarifverträge in den Betrieben durchgesetzt, in denen etwa Zielbilder, Personalbedarf und Qualifizierung für die Arbeit der Zukunft ausgehandelt werden.

Neben der staatlich regulierten Mitbestimmung im Betrieb und teilweise im Unternehmen setzt die Durchsetzungsfähigkeit dieser Themen eine handlungsfähige Tarifautonomie voraus, in der subsidiär zu staatlichen Regelungen Mindestbedingungen der Arbeitsbedingungen, Arbeitszeit und Entgelte erstritten werden.

Starke Gewerkschaften müssen vor allem im Betrieb verankert sein. Betriebliche Aushandlungsprozesse müssen auf gleicher Augenhöhe möglich sein. Die IG Metall hat sich in einem innergewerkschaftlichen Prozess auf den Weg gemacht, ihre Strukturen grundlegend zu reformieren. Das Ganze steht unter der Überschrift „Die IG Metall vom Betrieb aus denken“. Dies verlangt eine konsequente Stärkung unserer Aktiven in den Betrieben und ein „Mehr“ an Organisationsmacht durch Mitgliederstärke. Das geht nur mit einem neuen Miteinander, mehr Aktiven in den Betrieben und vor Ort in den Geschäftsstellen.

Wir haben auf dem Gewerkschaftstag 2019 das Projekt „IG Metall vom Betrieb aus denken“ beschlossen und in den letzten zwei Jahren haben wir über 1.400 ehren- und hauptamtliche Kolleg*innen für genau diese Fragen ausgebildet. Wir nennen diese Veränderungspromotorinnen beziehungsweise Veränderungspromotoren.

Diese haben eine Vielzahl an Projekten zur Verbesserung der gewerkschaftlichen Arbeit im Betrieb entwickelt und umgesetzt. Da geht es um Fragen wie team- und projektorientiertes Arbeiten im Betrieb, die systematische Vermittlung von Führungskompetenz oder die Tarifkompetenz in der Fläche, also konkrete Tarifarbeit und Tarifanwendung im Betrieb. An vielen dieser Punkte wollen wir zeitgemäßer zusammenarbeiten, um unsere Stärken zu bündeln für unsere eigentliche Kernarbeit.

Trotz aller Kritik im Einzelnen: Der Flächentarifvertrag und die Mitbestimmung haben sich zu einem Erfolgsmodell in unserem Land entwickelt. Sie werden und sind eine zentrale Säule in der Architektur des deutschen Kapitalismus, für den sich der Begriff „Soziale Marktwirtschaft" durchgesetzt hat; eine Architektur, in der der Markt durch viel Organisation ergänzt wird, in der vieles durch Verhandlungen zwischen den großen Organisationen geschieht, und in der die Klassenspannungen sozialstaatlich gedämpft und integriert werden.

Und die Mitbestimmung hat sich auch in den jüngsten Krisen bewährt, ist durch diese aufgewertet und sogar neu gekräftigt worden.

Erfreulicherweise finden kollektive Arbeitsrechte derzeit wieder größere Beachtung: Als gewerkschaftliche Praxis – die auch zu gerichtlichen Auseinandersetzungen führt – aber ebenso im wissenschaftlichen und rechtspolitischen Diskurs. Und auch im Koalitionsvertrag der inzwischen nicht mehr ganz so neuen Bundesregierung.

Das HSI ist dabei ein starker Partner an der gewerkschaftlichen Seite. Wichtigste Aufgabe ist die wissenschaftliche Bearbeitung der Themen, weil das ein – wenn nicht der – entscheidende Hebel in der Rechtssetzung ist; also das Instrument, mit dem wirklich Wirkung auf der anderen Seite erzielt wird.

Heute geht das HSI nicht nur grundlegenden Fragestellungen nach und betreibt arbeits- und sozialrechtliche Forschung, sondern behandelt allgemein für Arbeitnehmerinnen und Arbeitnehmer, Gewerkschaften sowie Betriebs- und Personalräte aktuelle und praktisch wichtige Themen.

Es leistet einen aktiven Beitrag zu den rechtspolitischen Debatten rund um Fragen des Arbeits- und Sozialrechts. Das Institut bildet mit seiner Arbeit ein wichtiges Gegengewicht zu arbeitgeberfreundlichen Meinungen in der Literatur, die regelmäßig auch von Gerichten aufgegriffen werden. Es behandelt aktuelle, für Arbeitnehmerinnen und Arbeitnehmer sowie Gewerkschaften wichtige Themen und trägt mit wissenschaftlichen Argumenten zu rechtspolitischen Debatten bei.

Hierfür organisiert das HSI Fachveranstaltungen und gibt Gutachten in Auftrag, die in der institutseigenen Schriftenreihe und Working-Paper-Serie veröffentlicht werden.

Der immer hochaktuelle „Report zum europäischen Arbeits- und Sozialrecht" oder diverse Veranstaltungen wie etwa das Böckler-Forum, wenden sich an die gesamte arbeits- und sozialrechtliche Community, also an die Wissenschaft, Richterinnen und Richter, Rechtsanwälte, Gewerkschafterinnen und Gewerkschafter, Beschäftigte in Ministerien und Betriebsräte. Andere Veranstaltungen richten sich gezielt an Betriebsräte, Gewerkschafterinnen und Gewerkschafter sowie Rechtsanwälte. Also: Ganz im Sinne des Namensgebers Hugo Sinzheimer pflegt das HSI ein Verständnis arbeits- und sozialrechtlicher Forschung, das unterschiedliche Aspekte integriert und dabei soziologische, rechtspolitische, internationale sowie auch rechtsvergleichende Elemente erfasst.

Und immer ist das HSI eng dran am rechtspolitischen Zahn der Zeit. Betrafen die ersten Gutachten zum Beispiel neue Formen des Arbeitskampfes wie Flashmob, die tarifvertragliche Begrenzung von Leiharbeit, die Frage von Geschlechterquoten in Leitungsgremien der Unternehmen oder die Grenzen der sogenannten unternehmerischen Freiheit, stehen in der jüngeren Vergangenheit und aktuell Themen wie Plattformökonomie oder Crowdwork oder Veränderungen durch die Digitalisierung und die Globalisierung im Fokus.

Wer wirksam die Interessen von Beschäftigten vertreten will, muss mit ihnen kommunizieren. Prof. Wolfgang Däubler hat mit seinem Gutachten für das HSI „Digitale Zugangsrechte" die Rechtslage dazu analysiert und empfiehlt eine gesetzliche Klarstellung.

Also ganz zentrale Fragen zur Zukunft der Arbeit beziehungsweise neue Formen der Arbeit wie agiles Arbeiten, die Stärkung der Tarifautonomie oder Probleme bei der Anwendung künstlicher Intelligenz.

Aber auch die arbeitsrechtlichen Folgen von und durch Corona prägen wichtige Fragestellungen. Es sind in den vergangenen zwei Jahren im Zuge von Corona enorm viele Gesetze und Verordnungen geändert worden. Zum Teil war das richtig und angemessen. Zum Teil aber auch sehr kritisch. Zur Beantwortung der Frage, wie die Rechte der Beschäftigten auch in der Pandemie zu schützen sind, leisteten die Juristinnen und Juristen des HSI in zahlreichen Interviews und Fachartikeln wertvolle Beiträge.

Für die Zukunft gilt mein Appell: Wir müssen wachsam bleiben, dass errungene Rechte nicht gestrichen werden. Das Arbeitsrecht hat heute schon passende Antworten auch auf neue Herausforderungen. Hier kann das HSI mit rechtswissenschaftlichen und rechtsgeschichtlichen Untersuchungen alte Errungenschaften im neuen Licht erscheinen lassen, aber auch Impulse für die Rechtsentwicklung setzen, die auf die veränderten Bedingungen für die Balance zwischen Kapital und Arbeit reagiert.

Gewerkschaften und Arbeitskampf

Tarifautonomie und Pflegebranche

Professor Dr. Raimund Waltermann, Institut für Arbeitsrecht und Recht der Sozialen Sicherheit, Universität Bonn

A. Qualitätssicherung als Ziel

Die alternde Gesellschaft steht vor dem Problem, die Qualität in der Pflege nachhaltig zu gewährleisten. Es handelt sich um ein gesellschaftliches Kernanliegen und eine Aufgabe, die bewältigt werden muss. Politisch wird die Frage zu beantworten sein, wie die erforderlichen finanziellen Mittel sichergestellt werden können. Es geht dabei um finanziellen Aufwand, der Strukturen sichern würde. Allen müsste an einer geeigneten Pflegestruktur für ihre Angehörigen und für sich selbst gelegen sein.

Zu einer geeigneten Struktur gehört die Attraktivität der Berufstätigkeit der Pflegenden. Nur dann wird man genug fachlich geeignete Pflegekräfte gewinnen. Die Attraktivität der Berufstätigkeit in der Pflegebranche ist wesentlich abhängig von den Arbeitsbedingungen und der Vergütung. In der Pflegebranche wird unterschiedlich verdient, und es wird über die ganze Bandbreite gesehen trotz in der Relation zuletzt spürbarer Lohnzuwächse dort (mit Stand August 2022) weiterhin weniger verdient als in der Krankenpflege.

Die Politik hat sich in den letzten Jahren sehr bemüht, diesen Befund günstig zu beeinflussen. Mit dem Pflegelöhneverbesserungsgesetz[1] hat der Gesetzgeber 2019 bis dahin schmaler angelegte Wege ausgebaut, um die Arbeitsbedingungen in der Pflegebranche zu verbessern. Es geht dem Pflegelöhneverbesserungsgesetz darum, die Arbeitsbedingungen in der Pflege so attraktiv zu machen, dass ausreichend Menschen den Pflegeberuf ergreifen und beibehalten, sodass die Versorgung nachhaltig sichergestellt ist.[2] Die mit dem Pflegelöhneverbesserungsgesetz verbundenen Ziele sind jedoch nur zum Teil erreicht worden. Deshalb hat der Gesetzgeber im Juni 2021 mit dem Gesundheitsversorgungsweiterentwicklungsgesetz (GVWG)[3] im Recht der Pflegeversicherung

---

* Der Autor ist Direktor des Instituts für Arbeitsrecht und Recht der Sozialen Sicherheit der Universität Bonn.

1 BGBl. I S. 1758 (Nr. 42).

2 Entwurf eines Gesetzes für bessere Löhne in der Pflege, BT-Drs. 19/13395 (Pflegelöhneverbesserungsgesetz), S. 1.

3 BGBl. I S. 2754 (Nr. 44).

§ 72 Abs. 3a bis 3f SGB XI mit Wirkung vom 1. September 2022 so gefasst, dass Versorgungsverträge nur noch mit Pflegeeinrichtungen abgeschlossen werden dürfen, die in Bezug auf ihre Pflegekräfte tarifgebunden sind; mit nicht tarifgebundenen Pflegeeinrichtungen dürfen Versorgungsverträge nur noch geschlossen werden, wenn die Einrichtungen ihren Pflege- und Betreuungskräften eine Vergütung zahlen, die einschlägigen Tarifverträgen entspricht.

B. Branche ohne Tarifautonomie

In der Pflegebranche herrscht Vollbeschäftigung. Gleichwohl kommt es dort nicht zu einer tarifautonomen Gestaltung der Arbeitsbedingungen und Arbeitsentgelte. Es gibt in der Pflegebranche keine funktionierende Tarifautonomie. In den nordrhein-westfälischen Universitätskliniken haben die Beschäftigten 2022 in einem zäh geführten Arbeitskampf eine „Tarifvertrag Entlastung“ erreicht. Die Gewerkschaft ver.di und die sechs Universitätskliniken in Nordrhein-Westfalen haben sich nach einem elf Wochen dauernden Streik auf Eckpunkte zu einem Tarifvertrag geeinigt, der die in der Krankenpflege tätigen Beschäftigten im Klinikalltag wirksam entlasten soll. Es hat sich hier gezeigt, dass die Tarifautonomie als Gestaltungsebene im Kern des Arbeitsrechts ein nach wie vor geeignetes Verhandlungsmodell bereithält, welches auf Institutionen und auf rechtlich garantierten Regeln aufbaut.

Vergleichbares ist in der Pflegebranche bisher nicht zu finden. Auch der mit dem Pflegelöhneverbesserungsgesetz ausgebaute Weg einer „tarifgestützten“ Entlohnung über den Weg der Geltungserstreckung durch Rechtsverordnung gemäß § 7a AEntG hat nicht zum Erfolg geführt. Der Gesetzgeber hat mit dem Pflegelöhneverbesserungsgesetz die Möglichkeit verbessert, auf einen gemeinsamen Antrag der Parteien eines Tarifvertrags hin dessen Inhalt durch Rechtsverordnung auf alle unter den Geltungsbereich des Tarifvertrags fallende und nicht tarifgebundene Arbeitgeber und Arbeitnehmer nach Maßgabe von § 7a AEntG zu erstrecken. Ein zwischen der Bundesvereinigung Arbeitgeber in der Pflegebranche (BVAT) und der Gewerkschaft ver.di ausgehandelter bundesweiter Tarifvertrag über Mindestarbeitsbedingungen in der Pflegebranche, der über diesen Weg auch auf die Außenseiter erstreckt werden sollte, ist an der gemäß § 7a Abs. 1a S. 4 AEntG für den Antrag auf Erstreckung durch Rechtsverordnung erforderlichen Zustimmung der arbeitsrechtlichen Kommissionen von Caritas und Diakonie gescheitert. Um das gesetzgeberische Ziel gleichwohl erreichen zu können, wurde im Pflegeversicherungsrecht mit § 72 Abs. 3a bis 3f SGB XI die angesprochene Tariftreueregelung geschaffen. Am Ende steht damit nunmehr eine gegenüber der Unterstützung einer Erstreckung tarifautonom geschaffener Gestaltungen nochmals „staatlichere" Lösung des Gesetzgebers.

Weder die aus der Gesellschaft kommende, Vitalität der Beschäftigten voraussetzende Tarifautonomie noch der tarifgestützte Weg über § 7a AEntG können also gegenwärtig das Ziel fördern, wenigstens in Verbindung mit tarifvertraglichem Gestalten zu attraktiven Arbeitsbedingungen und Vergütungen in der Pflegebranche beizutragen. Die Tarifautonomie hat in der Pflegebranche allerdings auch einen besonders schweren Stand, weil die dort stark vertretenen kirchlichen Einrichtungen mit dem sog. „Dritten Weg" eigene kollektivarbeitsrechtliche Wege gehen und daher rund ein Drittel der Beschäftigten für die Tarifautonomie des demokratischen Rechtsstaats von vornherein verloren ist. Das erschwert vitale Tarifautonomie in der Pflegebranche beträchtlich. Der Tarifautonomie würde es nützen, wenn ihr die Kirchen als zweitgrößter – und weitestgehend aus öffentlichen Mitteln finanzierter – Arbeitgeber unter die Arme greifen würden; dass die Kirchen, wenn sie der Tarifautonomie des demokratischen Rechtsstaats folgen wollten, den Arbeitskampf aussparen können, ist höchstrichterlich verbrieft.[4]

C. Suche nach „Wegen zur Verbindlichkeit"

Im Bereich der Sozialwirtschaft führt ein Wettbewerb über Personalkosten, der Druck abwärts erzeugt, zu ungünstigen Wirkungen, über die im Grund Einvernehmen besteht. Verfehlte Anreizwirkungen eines Wettbewerbs über Personalkosten münden ohne geeignete Vorkehrungen in den Verlust von Qualität der Arbeit, in abnehmende Motivation der Beschäftigten (sowohl in Bezug auf die Arbeit selbst als auch in Bezug auf Ausbildung und Weiterbildung), und sie münden in geringere Zuwendung zu den pflegebedürftigen Menschen. Das Ziel guter Pflege mit angemessener Qualität lässt sich so nicht sicherstellen. Längerfristig betrachtet werden Berufe in der Pflegebranche für motivierte, leistungsfähige und zu menschlicher Zuwendung bereite Beschäftigte unattraktiv. Dies ist der gedankliche Ausgangspunkt aller bisherigen Reformüberlegungen und Gestaltungen im Pflegebereich. Es ist die Aufgabe der Rechtsordnung, für Arbeitsbeziehungen unter Einschluss der Vorkehrungen für die soziale Absicherung der Beschäftigten einen geeigneten Rechtsrahmen bereit zu halten. Wenn eingewandt wird, dass sich, auch vor dem Hintergrund der zuletzt vereinbarten Empfehlung einer stärkeren Erhöhung der Mindestar-

4 BAG 20.11.2012 – 1 AZR 179/11, NZA 2013, 448 ff.; zum Ganzen bereits *Waltermann*, ZfA 2020, 211, 231 f.

beitsvergütung für Pflegehilfs- und Pflegefachkräfte im Kommissionsmodell und wegen der Vollbeschäftigung in der Pflegebranche die Gewichte am Arbeitsmarkt von allein so verschieben könnten, dass in der Pflegebranche Wettbewerb über Personalkosten unmöglich wird, steht das der Absicherung der Arbeitsbedingungen und der Vergütung durch Gesetzgebung nicht entgegen. Es würde, wenn es so kommen sollte, lediglich eine in der Gegenwart für nötig gehaltene Gesetzgebung in der Zukunft durch Marktmechanismen obsolet. Die Alternative zu gesetzgeberischem Handeln liegt nicht darin, auf unterschiedlich beurteilte Zukunftserwartungen zu verweisen.

I. Koalitionsfreiheit und Tarifautonomie

Nach der Architektur des Arbeitsrechts würde auch in der Pflegebranche die Gestaltung der Arbeitsbedingungen und der Vergütungen durch Tarifvertrag erfolgen. Das Arbeitsrecht hält, wie gesagt, mit der Koalitionsfreiheit und der Tarifautonomie auch für die Pflegebranche einen geeigneten Rechtsrahmen für eine aus der Gesellschaft kommende, auf dem Gedanken des Pluralismus aufbauende Gestaltung der Arbeitsbeziehungen bereit. Die Tarifautonomie bietet ein geeignetes Verhandlungsmodell, das auf Institutionen und auf rechtlich garantierten Regeln aufbaut. Das setzt allerdings Vitalität insbesondere auf Seiten der Beschäftigten voraus, an der es in der Pflegebranche fehlt. Abgesehen von der Absage der Kirchen und kirchlichen Träger an die Tarifautonomie sind die Zeitumstände für die Tarifautonomie nicht günstig. Die starken Individualisierungstendenzen, die heute die Gesellschaft prägen, drängen Beschäftigte und Arbeitgeber nicht in die Verbände. Wir sind, mit den Worten des Soziologen *Andreas Reckwitz*[5] gesprochen, eine Gesellschaft der Singularitäten. Kollektive Muster wie die auf Mitgliedschaft beruhende Tarifautonomie oder die Mitwirkung in Kirchen, Vereinen und Parteien scheinen die Einzelnen heute viel weniger anzusprechen als früher. Neue digitale Netzwerke können das nicht ersetzen. Sie verbinden nicht dauerhaft Exemplare einer allgemeingültigen Struktur, z.B. Gewerkschaftsmitglieder, sondern sie verbinden Individuen, die, etwa bei Umweltschutzanliegen, anlass- oder themenbezogen miteinander kooperieren und dann wieder auseinandergehen. Diese Verbindungen bilden eine Form des Sozialen, die singularistisch strukturiert ist. Es handelt sich nur um Hintergrundstrukturen,[6] diese schaffen nicht eine Institution, welche über kollektive Identifikation und über eine eigene Identität, wie eine Gewerkschaft, verfügt. Die mit der Digitalisierung verbundenen weiteren Veränderungen könnten diese Tendenz, die auch die Arbeitswelt prägt, noch verstärken.

5 *Reckwitz*, Die Gesellschaft der Singularitäten.

6 Vgl. *Reckwitz*, Die Gesellschaft der Singularitäten, S. 199 f.

II. Kommissionsmodell seit 2009

Der Gesetzgeber hat auf die Funktionsschwäche der Tarifautonomie allgemein in den letzten Jahren in der Weise reagiert, dass er Rechtsregeln gestaltet hat, welche die Wirkung von Tarifverträgen durch Ausweitung der personellen Reichweite tarifautonomer Gestaltungen vergrößern. Diesen Weg hat der Gesetzgeber dann Schritt für Schritt ausgebaut.[7] Das gilt auch für die Pflegebranche. Der Gesetzgeber hat 2009 mit einer auf die Pflegebranche zugeschnittenen besonderen Gesetzesregelung in den §§ 10–13 AEntG einen Weg eröffnet, auf dem eine Kommission Mindestarbeitsbedingungen, insbesondere Mindestentgelte, vorschlägt, die durch Rechtsverordnung verbindlich gemacht werden können und die dem allgemeinen gesetzlichen Mindestlohn vorgehen (§ 1 Abs. 3 S. 1 MiLoG). Das Kommissionsmodell der §§ 10–13 AEntG soll dem Umstand Rechnung tragen, dass in der Pflegebranche mit langer Tradition verbreitet kirchliche Träger tätig sind, deren kollektivarbeitsrechtliche Gestaltung nicht dem Weg des staatlichen Tarifrechts, sondern eigenen Wegen folgt. Die Katholische Kirche und in weiten Teilen auch die Evangelische Kirche gestalten ihre Arbeitsbeziehungen nach den Regeln des sogenannten „Dritten Wegs".

Die Bestimmungen der §§10 bis 13 AEntG waren im Gesetzentwurf des AEntG 2009 zunächst nicht vorgesehen, der Gesetzentwurf wurde erst im Zug der Beratungen im Bundestagsausschuss für Arbeit und Soziales eingefügt.[8] Die Beschlussempfehlung der Kommission setzte seit 2009 in der Praxis einen breiten Konsens in der Kommission voraus, sodass die im Bereich der Pflegebranche insbesondere auch in Entgeltfragen sehr vielfältigen Interessen (namentlich der wirtschaftlich orientierten Pflegeeinrichtungen und der freigemeinnützigen Träger) auf den Kompromiss angewiesen waren. Das tendierte zu einer Einigung auf einen niedrigen Pflegemindestlohn, der geraume Zeit die Situation prägte.

III. „Wege zur Verbindlichkeit eines Tarifvertrags"

In den Jahren 2015 und 2016 haben freigemeinnützige und kirchliche Träger auf der einen und die Gewerkschaft ver.di auf der anderen Seite mögliche Wege ausgelotet, wie man vor dem Hintergrund der in der Pflegebranche nebeneinander anzutreffenden Gestaltungswege (Tarifautonomie und „Dritter Weg") insbesondere die Vergütung in der Pflegebranche autonom tarifvertrag-

7 Ausführlich zu den Entwicklungen *Kettler/J. Schubert* in: Brose et al. (Hrsg.), Grundlagen des Arbeits- und Sozialrechts, Festschrift für Ulrich Preis zum 65. Geburtstag, 583 ff.

8 Vgl. Beschlussempfehlung und Bericht des Ausschusses für Arbeit und Soziales, BT-Drs. 16/11669, 2 f., 13 ff., 21, 24 f.

lich gestalten und mit staatlicher Unterstützung verbindlich machen könnte.[9] Es ging darum, ob, namentlich über die Allgemeinverbindlicherklärung (§ 5 TVG) oder über die Rechtsverordnung nach dem Arbeitnehmer-Entsendegesetz (AEntG), angemessene Arbeitsbedingungen für den Bereich der Pflegebranche verbindlich und durchsetzbar gestaltet werden könnten. Ziel des am Ende nicht verwirklichten Projekts war, die Attraktivität der Branche für Arbeitskräfte zu erhöhen.[10] Eine hauptsächliche Rechtsfrage war, wie im Spannungsfeld zweier verfassungsrechtlich gewährleisteter Autonomiebereiche (des kirchlichen Selbstbestimmungsrechts und der Koalitionsfreiheit) und vor dem Hintergrund des wegen des sog. „Dritten Wegs" der Kirchen bestehenden Nebeneinander der in der Pflegebranche vorkommenden Gestaltungswege eine Verbindlichkeit erreicht werden könnte. Rechtlich sind dazu in meiner Bewertung sowohl die Allgemeinverbindlicherklärung (§ 5 TVG) als auch die Rechtsverordnung nach dem AEntG (§ 7a AEntG) geeignet.[11] Im Nebeneinander der verschiedenen Wege ist die Allgemeinverbindlicherklärung dabei auf die Ergänzung durch parallele kollektivrechtliche und arbeitsvertragliche Gestaltungen durch kirchliche Arbeitgeber angewiesen: Ist ein gemeinsamer Antrag von Tarifvertragsparteien im Sinn von § 5 Abs. 1 S. 1 TVG gestellt, kann das Bundesministerium für Arbeit und Soziales Dienstgeber und Dienstnehmer von paritätisch besetzten Kommissionen am Verfahren der Allgemeinverbindlicherklärung beteiligen, wenn sie dies wünschen und wenn eine Übernahme der Inhalte der für allgemeinverbindlich erklärten Tarifverträge in deren Bereich in Betracht kommt. Im Nebeneinander der verschiedenen Wege der arbeitsrechtlichen Gestaltung geht das Anliegen der Rechtsordnung dahin, im Rahmen des Möglichen eine Kohärenz der verschiedenen Wege zu erreichen. Das Bundesministerium für Arbeit und Soziales kann die kirchliche Dienstgeberseite und Dienstnehmerseite nach seinem pflichtgemäßen Ermessen nach Maßgabe von § 5 Abs. 2 TVG anhören. Im Hinblick auf die Auslegung und Anwendung von § 5 Abs. 1 S. 2 Nr. 1 TVG sind im Hinblick auf die für das öffentliche Interesse erforderlichen überwiegenden Bedeutung des Tarifvertrags sämtliche Arbeitsverhältnisse zu berücksichtigen, die tarifgemäß ausgestaltet sind. Zu berücksichtigen sind auch die Fälle der arbeitsvertraglichen Inbezugnahme, und zu berücksichtigen ist jede anderweitige Orientierung von Arbeitsverhältnissen an den tarifvertraglichen Regelungen. Die überwiegende Bedeutung eines Tarifvertrags für die Gestaltung der Arbeitsbedin-

---

9 *Kettler/J. Schubert* in: Brose et al. (Hrsg.), Grundlagen des Arbeits- und Sozialrechts, Festschrift für Ulrich Preis zum 65. Geburtstag, 583, 591 ff.

10 Begleitend dazu wurde ein Rechtsgutachten erstellt, *Waltermann*, Wege zur Verbindlichkeit eines Tarifvertrags auf dem Gebiet der Altenhilfe und Alternativen – Voraussetzungen, Konkurrenzen und Verbindlichkeit in den unterschiedlichen kollektivrechtlichen Systemen, unveröffentlichtes Rechtsgutachten (2016), 142 Seiten.

11 Siehe zusammenfassend *Waltermann*, NZA 2018, 686 ff.

gungen in seinem Geltungsbereich kann sich damit im Bereich der Pflegebranche auch daraus ergeben, dass nach Maßgabe des sogenannten „Dritten Wegs" die wesentlichen inhaltlichen Gestaltungen eines Tarifvertrags über Bezugnahmeklauseln oder durch eine parallele Gestaltung in den Arbeitsverträgen von kirchlichen Beschäftigten verankert werden. Durch diese Auslegung wird auf Kohärenz der verschiedenen rechtlich möglichen Wege der Gestaltung von Arbeitsbeziehungen in Lebensbereichen hingewirkt, in denen kirchliche Träger tätig sind. Die Strukturen der kirchlichen Arbeitsrechtsgestaltung machen möglich, dass die arbeitsrechtlichen Kommissionen im Rahmen der Verfahrenskonzeption des „Dritten Wegs" für einen allgemeinverbindlich erklärten Tarifvertrag über den Weg der arbeitsvertraglichen Inbezugnahme in ihrem Bereich zur Geltung bringen.[12]

IV. Pflegelöhneverbesserungsgesetz

1. Wesentlicher Inhalt

Auch vor den Gesetzesänderungen durch das Pflegelöhneverbesserungsgesetz konnten Mindestarbeitsbedingungen, insbesondere Mindestentgelte (§§ 1, 2, 5 AEntG), auch in der Pflegebranche durch Rechtsverordnung gemäß § 7a AEntG verbindlich gemacht werden. Die Bestimmungen der § 10 bis 13 AEntG zu Mindestarbeitsbedingungen in der Pflegebranche stellten keine abschließende Sonderregelung dar, was allerdings umstritten war.[13] Durch das Pflegelöhneverbesserungsgesetz ist dies nunmehr klargestellt. Dabei genießt gemäß § 13 S. 1 AEntG die Rechtsverordnung gemäß § 7a AEntG innerhalb ihres Geltungsbereichs gegenüber der im Kommissionsmodell zustande gebrachten Rechtsverordnung gemäß § 11 Abs. 1 AEntG den Vorrang.[14]

2. Beteiligung der Religionsgesellschaften

Die durch das Pflegelöhneverbesserungsgesetz gestaltete Beteiligung der Religionsgesellschaften ist bemerkenswert. Im Zusammenhang mit der in § 7a Abs. 1 S. 2 AEntG zu treffenden Entscheidungen des Bundesministeriums für Arbeit und Soziales (im Einvernehmen mit dem Bundesministerium für Gesundheit), ob der Inhalt eines bundesweiten Tarifvertrags erstreckt wird oder nicht, ist eine starke Beteiligung der Religionsgesellschaften vorgesehen:

---

12 Näher *Waltermann*, NZA 2018, 686, 690 ff.

13 Für Spezialität *Klumpp*, ZAT 2016, 7, 10 f.; anders Thüsing/*Bayreuther*, MiLoG und AentG, §§ 7, 7a AEntG Rn. 3; *Franzen*, RdA 2020, 75, 76 f.; *Riechert/Stomps*, NZA 2012, 707, 709 f.; *Waltermann*, NZA 2018, 686, 688 f.; *ders.*, in: Marhold et al. (Hrsg.), FS Fuchs, S. 319, 323 f.

14 Zum wesentlichen Inhalt des Gesetzes *Franzen*, RdA 2020, 75, 78 ff.; *Waltermann*, in: Marhold et al. (Hrsg.), FS Fuchs, S. 319 ff.

Das Bundesministerium für Arbeit und Soziales gibt vor dem Abschluss eines Tarifvertrags, dessen Geltungsbereich die Pflegebranche erfasst, auf gemeinsame Mitteilung der Tarifvertragsparteien bekannt, dass Verhandlungen über einen derartigen Tarifvertrag aufgenommen worden sind (§ 7a Abs. 1a S. 1 AEntG). Dies soll dazu dienen, den Religionsgesellschaften, in deren Bereichen paritätisch besetzte Kommissionen auf der Grundlage kirchlichen Rechts in der Pflegebranche gebildet sind, die Möglichkeit der Mitwirkung im Verfahren zu eröffnen.[15] Innerhalb von drei Wochen können die betreffenden Religionsgesellschaften dem Bundesministerium für Arbeit und Soziales dann gemäß § 7a Abs. 1a S. 2 AEntG jeweils eine in ihrem Bereich gebildete Kommission benennen, die von den Tarifvertragsparteien zu dem voraussichtlichen Inhalt des Tarifvertrags angehört wird.

§ 7a Abs. 1a S. 4–6 AEntG bestimmt im Anschluss daran: „Der Antrag nach Absatz 1 erfordert die schriftliche Zustimmung von mindestens zwei nach Satz 2 benannten Kommissionen. Diese Kommissionen müssen in den Bereichen von Religionsgesellschaften gebildet sein, in deren Bereichen insgesamt mindestens zwei Drittel aller in der Pflegebranche im Bereich von Religionsgesellschaften beschäftigten Arbeitnehmer beschäftigt sind. Mit der Zustimmung einer Kommission werden etwaige Mängel im Zusammenhang mit deren Anhörung geheilt.“ Wie die Gesetzesbegründung ergibt, soll mit diesem regelrechten Zustimmungsrecht der Bedeutung der Religionsgesellschaften in der Pflegebranche und dem verfassungsrechtlich gewährleisteten kirchlichen Selbstbestimmungsrecht (Art. 140 GG i.V.m. Art. 137 Abs. 3 WRV) in angemessener Weise Rechnung getragen werden.[16]

3. Kritische Bewertung

Diese gesetzliche Gestaltung kann nur (erneut[17]) kritisiert werden.[18]

a) Bemerkenswert ist zunächst, dass mit dem Zustimmungserfordernis ausgerechnet diejenigen in Bezug auf tarifvertragliche Inhalte eine ergebnisrelevante Steuerungsmöglichkeit erhalten, die den vom demokratischen Rechtstaat

---

15 BT-Drs. 19/13395, 14.

16 BT-Drs. 19/13395, 14.

17 Siehe bereits *Waltermann*, Stellungnahme zur öffentlichen Anhörung von Sachverständigen im Ausschuss für Arbeit und Soziales am 21.10.2019, Ausschuss Drs. 19(11)462 S. 4; *ders.*, in: Marhold et al. (Hrsg.), FS Fuchs, 319, 328 ff.

18 Ebenso *Franzen*, RdA 2020, 75, 78 ff.; Stellungnahme der Bundesvereinigung der Deutschen Arbeitgeberverbände (BDA) zur öffentlichen Anhörung von Sachverständigen im Ausschuss für Arbeit und Soziales am 21.10.2019, Ausschuss Drs. 19(11)462, S. 58 ff. Anders *Bepler*, Stellungnahme zur öffentlichen Anhörung von Sachverständigen im Ausschuss für Arbeit und Soziales am 21.10.2019, Ausschuss Drs. 19(11)462 S. 43 ff.; *J. Schubert*, Ausschuss Drs. 19(11)462 S. 53 f.; *Kettler/J. Schubert* in: Brose, et al. (Hrsg.), Grundlagen des Arbeits- und Sozialrechts, Festschrift für Ulrich Preis zum 65. Geburtstag, 583, 590 f.

gestalteten Instrumenten einer kollektivrechtlichen Regelung der Arbeitsbeziehungen durch Tarifautonomie nicht folgen. Die Religionsgesellschaften erhalten eine Einflussmöglichkeit, die andere, für die der erstreckte Tarifinhalt ebenfalls Geltung erhält – damit auch gemäß Art. 9 Abs. 3 GG geschützte Koalitionen – nicht bekommen. Die kirchlichen Arbeitgeber erhalten ein Privileg, das Außenseiter-Arbeitgebern nicht gegeben wird. „Faktisch verhandeln die paritätischen Kommissionen den Tarifvertrag mit, ohne Partei des Tarifvertrags zu werden."[19] Das ergibt ein nicht überzeugendes Bild. Ein annähernd ähnlich starkes Beteiligungsrecht auch der Religionsgesellschaften hat es bisher im Zusammenhang mit der Gestaltung von Arbeitsbedingungen durch staatliche Rechtsverordnung aus gutem Grund in keinem Zusammenhang gegeben: Ohne weiteres war möglich, dass der Gesetzgeber den allgemeinen gesetzlichen Mindestlohn auch für Arbeitsverhältnisse in Religionsgesellschaften festgelegt hat, nach Maßgabe der §§ 4 bis 11 MiLoG durch Rechtsverordnung auf der Grundlage des Vorschlags der Mindestlohnkommission durch Rechtsverordnung anpasst und mit Wirkung vom 1. Oktober 2022 nunmehr selbst wieder eine Festlegung des gesetzlichen Mindestlohns vornimmt. In der nach Maßgabe von § 5 MiLoG gebildeten Mindestlohnkommission sind die Religionsgesellschaften nicht vertreten, sie haben lediglich das Recht, neben anderen Organisationen, Vereinigungen, Verbänden und von der Anpassung des Mindestlohns Betroffenen angehört zu werden. Das AÜG sieht im Zusammenhang mit dem Erlass einer Rechtsverordnung über den Mindestlohn in der Leiharbeit gemäß § 3a AÜG eine Beteiligung der Religionsgesellschaften nicht vor. Auch in der seit 2015 geltenden Fassung des AEntG, die allen Branchen die Möglichkeit der Erstreckung von zustande gebrachten Tarifinhalten nach Maßgabe der §§ 7, 7a AEntG eröffnet, ist lediglich die Anhörung der Religionsgesellschaften vorgesehen, obwohl kirchliche Träger auch in anderen Bereichen als der Pflegebranche die Arbeitsverhältnisse nach den Vorschriften des „Dritten Wegs" gestalten. Das kirchliche Selbstbestimmungsrecht steht all dem nicht entgegen, was auch nicht behauptet wird.

b) Das den Kirchen und ihren Einrichtungen gegebene Zustimmungsrecht ergibt nicht nur ein bemerkenswertes Bild. Das Pflegelöhneverbesserungsgesetz verstößt insoweit auch gegen die Verfassung.[20] Die Privilegierung kirchlicher Dienstgeber gegenüber anderen Außenseitern des Tarifvertrags verletzt den Allgemeinen Gleichheitssatz (Art. 3 Abs. 1 GG). Kirchliche Arbeitgeber, die der Absage der Kirchen an die Tarifautonomie folgen und auf den von den Kirchen selbst geschaffenen arbeitsrechtlichen Wegen gestalten, befinden sich in

19 So treffend *Franzen*, RdA 2020, 75, 79.

20 Ebenso *Franzen*, RdA 2020, 75, 79 ff. Zum hier vertretenen Standpunkt *Waltermann*, in: Marhold et al. (Hrsg.), FS Fuchs, 2020, 319, 328 ff.; *ders.*, Schriftliche Stellungnahme zur öffentlichen Anhörung von Sachverständigen im Ausschuss für Arbeit und Soziales am 21.10.2019, Ausschuss Drs. 19 (11) 462, 4 ff.

derselben tatsächlichen Situation wie Außenseiter-Arbeitgeber. Beide schließen keinen Tarifvertrag, obwohl sie es könnten. Ein Unterschied besteht nur im Arbeitskampfrecht. Die Kirchen können, soweit sie sich zum Leitbild der „Dienstgemeinschaft“ bekennen, nicht zu einem Arbeitskampf gezwungen werden.[21] Im Hinblick auf den Allgemeinen Gleichheitssatz des Art. 3 Abs. 1 GG müsste unter Berücksichtigung des objektiv-rechtlichen Gehalts des Art. 9 Abs. 3 GG die sachliche Rechtfertigung der Sonderbehandlung der Religionsgesellschaften begründet werden, was nicht gelingen könnte. Auch im Hinblick auf das Demokratieprinzip (Art. 20 Abs. 1, Abs. 2 GG) ist das Zustimmungsrecht bedenklich.[22] Die Religionsgesellschaften erhalten das Recht, ohne eine Begründung und ohne rechtsstaatliche Kontrollmöglichkeit die Zustimmung zu versagen. Stimmen die Religionsgesellschaften nicht zu, ist dem Bundesministerium die Erstreckung des Tarifvertrags durch Rechtsverordnung verwehrt. Das Ministerium kann dann nicht in eigener Verantwortung prüfen, ob es nicht doch im öffentlichen Interesse liegt, den Tarifvertrag zu erstrecken. Es verdichtet sich damit die Beteiligung der Religionsgesellschaften im Verfahren gemäß § 7 a AEntG zu einer Mitentscheidung, die demokratisch legitimiert sein müsste.[23] Das gemäß Art. 20 Abs. 1, Abs. 2 GG erforderliche Legitimationsniveau dürfte damit nicht gewahrt sein. Schließlich ist fraglich, ob die Tarifparteien, die den Antrag auf Erstreckung stellen, die Verweigerung der Zustimmung durch Kommissionen der Religionsgesellschaften im Hinblick auf Art. 9 Abs. 3 GG hinzunehmen haben. Zwar haben die antragsstellenden Tarifparteien keinen verfassungsrechtlichen Anspruch auf die Erstreckung eines Tarifvertrags. Es ist aber objektiv-rechtlich die durch Art. 9 Abs. 3 GG gewährleistete Tarifautonomie der antragstellenden Koalitionen betroffen. Der mit der Erstreckung durch eine Rechtsverordnung nach den Bestimmungen des AEntG auch verbundene Zweck, funktionierende Wettbewerbsbedingungen zu gewährleisten und einem Unterbietungswettbewerb über Personalkosten entgegenzuwirken, hat grundrechtsstabilisierende Funktion.[24] Diese grundrechtsstabilisierende Funktion kann nicht zur Verwirklichung kommen, wenn die Zustimmung versagt wird.

c) Die Belange der Religionsgesellschaften hätten im Verfahren auf andere Weise wirksam werden können. Bei der Prüfung des öffentlichen Interesses muss das Ministerium die in § 1 AEntG und in § 11 Abs. 2 AEntG formulierten Gesetzesziele berücksichtigen. Dazu gehört auch der Auftrag kirchlicher Träger. Auch dieser Gesichtspunkt fließt in den Beurteilungsspielraum bei der Prüfung des öffentlichen Interesses und in die nach pflichtgemäßem Ermessen

---

21 BAG 20.11.2012 – 1 AZR 179/11, NZA 2013, 448 ff.

22 Siehe zum Folgenden bereits *Waltermann*, in: Marhold et al. (Hrsg.), FS Fuchs, 319, 329 f.

23 Siehe zu den Maßstäben BVerfGE 83, 60, 73 ff.; 107, 57 ff.

24 Vgl. *Ossenbühl/Cornils*, Tarifautonomie und Staatliche Gesetzgebung, S. 128 f., 137 f., 138 ff.

zu treffende Entscheidung ein. Dabei hat die Einschätzung der Religionsgesellschaften erhebliches Gewicht. Diese beschäftigen etwa 1/3 der in der Pflegebranche Tätigen. Die Religionsgesellschaften stehen nicht nur für eine christlichen und kulturellen Werten folgende Pflege ein, sondern sie sind auch um die Gewährleistung anerkennender und motivierender Arbeitsbedingungen und Vergütungen für Pflegetätigkeiten bemüht, um die es dem Gesetz zentral geht. Das wäre, wenn es das Zustimmungsrecht der Kirchen nicht geben würde, bei der Entscheidung angemessen zu berücksichtigen.

V. Tariftreueregelung

Mit dem nach der ausgebliebenen Zustimmung gemäß § 7a Abs. 1a AEntG im Juni 2021 vom Bundestag beschlossenen Gesetz zur Weiterentwicklung der Gesundheitsversorgung[25] (GVWG) werden die bereits mit dem Pflegelöhneverbesserungsgesetz verfolgten Ziele auf einem nochmals „staatlicheren“ Weg angesteuert. Die tariforientierte Bezahlung für Pflegekräfte wird von § 72 Abs. 3a bis 3f. SGB XI erreicht, indem vom 1. September 2022 an nur noch Pflegeeinrichtungen zur Versorgung zugelassen werden, die ihre Pflege- und Betreuungskräfte nach Tarifverträgen oder kirchenarbeitsrechtlichen Regelungen bezahlen oder wenigstens in Höhe eines Tarifvertrags oder einer kirchenarbeitsrechtlichen Regelung entlohnen. Zugleich sieht das GVWG vor, dass die Bezahlung nach Tarif vollständig refinanziert wird. Für Einrichtungen, die nicht tarifgebunden sind, wird eine Refinanzierung bis zur Höhe von 10% über dem Durchschnitt der regional geltenden Tariflöhne gewährleistet. Zur Finanzierung der Pflegeversicherung wird von 2022 an ein Bundeszuschuss (in Höhe von einer Milliarde Euro) pro Jahr eingeführt. Das besonders massive Funktionsdefizit der Tarifautonomie im Bereich der Pflegebranche wird am Ende also nicht mehr durch Arbeitsrecht, sondern durch Verwaltungsrecht aufgefangen.

D. Ausblick

In der Pflegebranche wird besonders anschaulich, wie eine nicht funktionierende Tarifautonomie den Gesetzgeber auf den Plan ruft und herausfordert. Wesentlich ist dabei, dass das Eingreifen des Gesetzgebers nicht nur die Stabilisierung der Arbeitsbedingungen und der Bedingungen des Wirtschaftens in der Pflegebranche, also arbeitsrechtliche Ziele, im Blick hat. Es geht dem Gesetzgeber vielmehr wesentlich auch um Gemeinwohlziele, welche eine funktionierende Tarifautonomie miterledigen würde. Es geht darum, die Qualität in

---

25 BGBl. I S. 2754 (Nr. 44).

der Pflege nachhaltig zu gewährleisten. Dazu gehört die Attraktivität der Berufstätigkeit in der Pflegebranche, diese ist wesentlich abhängig von den Arbeitsbedingungen und der Vergütung. Wenn nun mit Wirkung vom 1. September 2022 in der Pflegebranche neben dem Kommissionsmodell (§§ 10–13 AEntG) eine Tariftreueregelung gilt, hat dies Rückwirkung auf die Möglichkeiten, Tarifinhalte gemäß § 7a AEntG durch Rechtsverordnung zu erstrecken. Für die Frage, ob im öffentlichen Interesse geboten erscheint, Rechtsnormen eines Tarifvertrags nach Maßgabe von § 7a Abs. 1 AEntG zu erstrecken, hat die im Kommissionsmodell und aufgrund der Tariftreueregelung erreichte Situation Bedeutung. Das lenkt den Blick zurück auf die eigentliche Tarifautonomie, wie sie Art. 9 Abs. 3 GG garantiert, also auf das historisch gewachsene, auf Institutionen und auf rechtlich garantierten Regeln aufbauende Verhandlungsmodell des Arbeitsrechts. Hinter der Gewährleistung des Art. 9 Abs. 3 GG steht der die Verleihung von Autonomie auch sonst begründende Gedanke, gesellschaftliche Kräfte zu aktivieren und gesellschaftlichen Gruppen die Regelung von Angelegenheiten, die sie selbst betreffen und die sie besonders sachkundig beurteilen können, zu eigener Verantwortung zu überlassen.[26] In der Pflegebranche erscheint dieser Weg jedoch auch angesichts der Absage der Kirchen an die Tarifautonomie derzeit wenig realistisch.

E. Abkürzungen

AEntG	Arbeitnehmerentsendegesetz
Aufl.	Auflage
AÜG	Arbeitnehmerüberlassungsgesetz
BDA	Bund Deutscher Arbeitgeberverbände
BAG	Bundesarbeitsgericht
BGBl.	Bundesgesetzblatt
BT-Drs.	Bundestagsdrucksache
BVAT	Bundesvereinigung Arbeitgeber in der Pflegebranche
ders.	derselbe
FS	Festschrift
GG	Grundgesetz
GVWG	Gesundheitsversorgungsweiterentwicklungsgesetz
Hrsg.	Herausgeber
MiLoG	Mindestlohngesetz
NZA	Neue Zeitschrift für Arbeitsrecht
RdA	Recht der Arbeit

26 Siehe nur BVerfGE 33, 125 (156 f.); BVerfG, NZA 2007, 42 ff.

SGB XI	Sozialgesetzbuch – Elftes Buch
TVG	Tarifvertragsgesetz
WRV	Weimarer Reichsverfassung
ZAT	Zeitschrift für Arbeitsrecht und Tarifpolitik in kirchlichen Unternehmen
ZfA	Zeitschrift für Arbeitsrecht

Literatur

Franzen, Martin, Das Pflegelöhneverbesserungsgesetz, RdA 2020, 75–84.

Kettler, Gero/Schubert, Jens M., Tariflöhne in der Pflege – Eine Geschichte ohne Happy End?, in: Brose, Greiner, Rolfs, Sagan, Schneider, Stoffels, Temming, Ulber (Hrsg.), Grundlagen des Arbeits- und Sozialrechts, Festschrift für Ulrich Preis zum 65. Geburtstag, München 2021, 583–597.

Klumpp, Steffen, Die Wirkung der Allgemeinverbindlichkeit eines Tarifvertrages nach § 5 TVG und der Dritte Weg, ZAT 2016, 7–10.

Marhold, Franz/Becker, Ulrich/Eichenhofer, Eberhard/Igl, Gerhard/Prosperetti, Giulio (Hrsg.), Arbeits- und Sozialrecht für Europa: Festschrift für Maximilian Fuchs, Baden-Baden, 2020.

Ossenbühl, Fritz/Cornils, Matthias, Tarifautonomie und Staatliche Gesetzgebung – Verfassungsmäßigkeit von § 1 Abs. 3a des Arbeitnehmer-Entsendegesetzes, Rechtsgutachten, Bundesministerium für Arbeit und Sozialordnung, 2000, 247 Seiten.

Reckwitz, Andreas, Die Gesellschaft der Singularitäten, Frankfurt am Main, 2017.

Riechert/Stomps, Die Anwendbarkeit staatlicher Mindestlohnregelungen auf kirchliche Einrichtungen, NZA 2012, 707–713.

Thüsing, Gregor (Hrsg.), MiLoG und AEntG, 2. Auflage, München 2017.

Waltermann, Raimund, Attraktivität von Tarifbindung – Zur Zukunftsfähigkeit der deutschen Tarifautonomie, ZfA 2020, 211–238.

Waltermann, Raimund, Koalitionsvertrag: Flächendeckende Tarifgeltung in der Pflegebranche, NZA 2018, 686–692.

Waltermann, Raimund, Wege zur Verbindlichkeit eines Tarifvertrags auf dem Gebiet der Altenhilfe und Alternativen – Voraussetzungen, Konkurrenzen und Verbindlichkeit in den unterschiedlichen kollektivrechtlichen Systemen, unveröffentlichtes Rechtsgutachten, 2016, 142 Seiten.

Kampfmittelfreiheit

Prof. Dr. Florian Rödl, Institut für Arbeitsrecht, Freie Universität Berlin

A. Zu Bedeutung und Rechtfertigung der sogenannten Kampfmittelfreiheit

I. Stand der Dinge

Thema dieses Beitrags ist der Grundsatz der Kampfmittelfreiheit. In diesem Zusammenhang sei eingangs unterstellt: Gewerkschaften mögen die Kampfmittelfreiheit. Oder jedenfalls: Gewerkschaften sind froh, dass der Grundsatz der Kampfmittelfreiheit in der Rechtsprechung des Bundesarbeitsgerichts anerkannt ist. Das liegt daran, dass eine Reihe von Kampfmaßnahmen, die aus gewerkschaftlicher Sicht in den Auseinandersetzungen der Gegenwart wichtig sind, derzeit unter dem Begriff der Kampfmittelfreiheit segeln. Zugleich scheint die Kampfmittelfreiheit, seitdem sie explizit auch als Kampfmittelerfindungsfreiheit akzentuiert ist, eine Gewähr dafür zu liefern, dass auch in Zukunft neue Strategien ersonnen werden können, wie es Situation und Umstände erfordern mögen. Und das ist aus gewerkschaftlicher Sicht natürlich wichtig.

Den Grundsatz der Kampfmittelfreiheit hat das Bundesarbeitsgericht in einer Entscheidung aus dem Jahr 2007 so hergeleitet:[1]

> *Die Wahl der Mittel, mit denen die Koalitionen die Regelung der Arbeitsbedingungen durch Tarifverträge zu erreichen versuchen und die sie hierzu für geeignet halten, überlässt Art. 9 Abs. 3 GG grundsätzlich ihnen selbst. Dementsprechend schützt das Grundrecht als koalitionsmäßige Betätigung auch Arbeitskampfmaßnahmen, die auf den Abschluss von Tarifverträgen gerichtet sind. Sie werden jedenfalls insoweit von der Koalitionsfreiheit erfasst als sie erforderlich sind, um eine funktionierende Tarifautonomie sicherzustellen. Dazu gehört auch der Streik. Er ist als Arbeitskampfmittel grundsätzlich verfassungsrechtlich gewährleistet. Die durch Art. 9 Abs. 3 GG gewährleistete Freiheit in der Wahl der Arbeitskampfmittel schützt nicht nur bestimmte Formen des Streiks. Der Schutzbereich des Art. 9 Abs. 3 GG ist nicht etwa von vornherein auf den Bereich des Unerlässlichen*

1 BAG 19.6.2007 – 1 AZR 396/06, AP GG Art. 9 Arbeitskampf Nr. 173 Rn. 11.

beschränkt. Der Grundrechtsschutz erstreckt sich vielmehr auf alle Verhaltensweisen, die koalitionsspezifisch sind.

Die Reihe der Kampfmaßnahmen, deren Zulässigkeit sich zumindest nach heutigem Stand diesen Maßgaben der Rechtsprechung zum Grundsatz der Kampfmittelfreiheit zu verdanken scheint, beginnt schon mit den besonderen Formen des Streiks, dem einfachen Warnstreik,[2] dem Solidaritätsstreik[3] oder dem 24 Stunden-Warnstreik.[4] Die Reihe setzt sich fort mit streikbegleitenden Maßnahmen, etwa der Bildung von Streikpostenketten[5] oder der Störung des Besitzes am Firmenparkplatz.[6] Am Ende stehen schließlich noch Betriebsstörungen unter Beteiligung Dritter, der berühmte *Flashmob*.[7]

Was die Begründung der Kampfmittelfreiheit anbelangt, stößt man in der Literatur auf die These, die Kampfmittelfreiheit bilde recht besehen eine Folge der verfassungsgerichtlichen Verabschiedung der Kernbereichslehre unter Art. 9 Abs. 3 GG im Jahr 1995.[8] Diese These hat allemal auf den ersten Blick auch etwas Einleuchtendes. Die Verabschiedung der Kernbereichslehre bedeutete, dass jede koalitionsspezifische Betätigung der grundrechtlichen Gewährleistung der Koalitionsfreiheit unterfällt.[9] Dann muss doch jedes auf den Abschluss eines Tarifvertrags bezogene Handeln darunterfallen – etwas Koalitionsspezifischeres gibt es schließlich kaum – auch wenn dieses Handeln den Charakter von Kampfmaßnahmen annimmt.

Dieser These wird im Folgenden widersprochen. Das zugrundeliegende „grundrechtsliberale“ Verständnis des Arbeitskampfes führt in die Irre. Es präsentiert den Arbeitskampf als Pendant zu Handlungen unter anderen Grundrechten wie denen auf Meinungsfreiheit, Wissenschaftsfreiheit oder Berufsfreiheit, also als spezifische Handlungsfreiheit. Das ist der Arbeitskampf aber einfach nicht. Der Arbeitskampf gehört zur Tarifautonomie, und die wiederum

2 BAG 21.6.1988 – 1 AZR 651/86, AP GG Art. 9 Arbeitskampf Nr. 108. Für diese Entscheidung spielte die Figur der Kampfmittelfreiheit noch keine Rolle. Vielmehr wurde in Abkehr von der bisherigen Linie (BAG 12.9.1984 – 1 AZR 342/83, AP GG Art. 9 Arbeitskampf Nr. 81) der Warnstreik dem Erzwingungsstreik gleich- und damit dem *ultima-ratio*-Prinzip unterstellt. Die Pointe der Entscheidung lag darin, für den Streik keine förmliche Erklärung des Scheiterns der Verhandlungen mehr zu verlangen. Das war der Vorläufer zur späteren Erkenntnis einer allgemeinen Einschätzungsprärogative der Gewerkschaften mit Blick auf Eignung und Erforderlichkeit ihrer Kampfmaßnahmen.

3 BAG 19.6.2007, a.a.O.

4 Dazu ArbG Krefeld 31.1.2018 – 1 Ga 1/18.

5 *Wolter/Rödl/Schubert* in: Däubler (Hrsg.), Arbeitskampfrecht: Handbuch für die Rechtspraxis, § 16 Rn. 47, 51.

6 BAG 20.11.2018 – 1 AZR 287/17, AP GG Art. 9 Arbeitskampf Nr. 186.

7 BAG 22.9.2009 – 1 AZR 972/08, AP GG Art. 9 Arbeitskampf Nr. 174. Zur Freiheit der Erfindung neuer Kampfmittel Rn. 34.

8 *Treber* in: Schaub, Arbeitsrechtshandbuch, § 189 Rn. 3– 6.

9 BVerfG 14.11.1995 – 1 BvR 601/92, BVerfGE 93, 352.

kennzeichnet, dass die in ihrem Zusammenhang gewährleisteten Freiheiten, namentlich die Koalitionsfreiheit, gerade anders als die liberalen Handlungsfreiheiten, eine spezifische Funktion haben. Diese spezifische Funktion bestimmt ihren Gehalt, und der geht bisweilen gerade über den eines liberalen Freiheitsrechts hinaus.

Zur Meidung von Missverständnissen sei vorausgeschickt: Die eingangs angesprochenen, unter der Kampfmittelfreiheit segelnden Ergebnisse zugunsten der gewerkschaftlichen Kampfpraxen sind im Ergebnis überzeugend. Ohne Abweichung im Ergebnis soll also im Folgenden akzentuiert werden, dass man dem Grundsatz der Kampfmittelfreiheit einen funktionalen Sinn geben muss. Was nun kommt, dient der Erläuterung, was damit gemeint ist (II.). Als Kehrseite hat dieses funktionale Verständnis auch eine wichtige Implikation für die Frage nach der Kampfmittelfreiheit für die Arbeitgeberseite (III.). Dazu können in diesem Rahmen nur ein paar knappe Bemerkungen erfolgen.

Vorab sei aber noch eine Klärung eingeflochten dazu, was denn eigentlich ein Kampfmittel ausmacht. Hier ist ein Aspekt entscheidend, den Olaf Deinert im Rahmen des Gutachtens zu den atypischen Arbeitskampfformen herausgearbeitet hat.[10] Der Einsatz eines Kampfmittels repräsentiert ein Handeln, das (seitens der Gewerkschaften) eigentlich ein Delikt oder (seitens der Beschäftigten) eine zu verantwortende Leistungsstörung zum Schaden der anderen Seite des Tarifkonflikts darstellt. Solches Handeln müsste daher eigentlich die üblichen zivilrechtlichen Ansprüche und Folgen auslösen. Erst die kollektivarbeitsrechtliche Anerkennung eines solchen Handelns als Einsatz eines zulässigen Kampfmittels nimmt den Charakter als Delikt oder zu verantwortende Leistungsstörung fort. Insofern überschreibt die kollektivarbeitsrechtliche Beurteilung das an sich bestehende zivilrechtliche Unrecht.

Damit ist ein essenzieller Unterschied zu den liberalen Handlungsfreiheiten markiert. Die allgemeine Handlungsfreiheit (Art. 2 Abs. 1 GG) endet schlicht an den Grenzen, die durch die subjektiven Rechte anderer gezogen sind.[11] Die grundgesetzliche Garantie spezifischer Handlungsfreiheiten, etwa die Meinungsfreiheit (Art. 5 Abs. 1 S. 1 GG) oder die Kunstfreiheit (Art. 5 Abs. 3 S. 1 GG), mag in Randbereichen die Überschreitung an sich bestehender zivilrechtlicher Grenzen rechtfertigen.[12] Aber die Überschreitung an sich bestehender zi-

---

10 *Rehder/Deinert/Callsen*: Arbeitskampfmittelfreiheit und atypische Arbeitskampfformen (HSI-Schriftenreihe Bd. 1), 32.

11 Vgl. ausdrücklich Art. 2 Abs. 1 GG: „... soweit er nicht die Rechte anderer verletzt ...", *Dürig/Herzog/Scholz*, Grundgesetz, Art. 2 Abs. 1 Rn. 44.

12 BVerfG 13.6.2007 – 1 BvR 1783/05, BVerfGE 119, 1 – 37; BVerfG 19.3.1984 – 2 BvR 1/84, NJW 1984, 1293.

vilrechtlicher Grenzen ist in ihre Ausübung nicht notwendig eingeschrieben. Man kann seine Meinung auch äußern, man kann Kunst auch schaffen, ohne an sich fremde Rechte zu verletzen oder andere sittenwidrig zu schädigen. Beim Arbeitskampf ist es anders. Arbeitskampf ist eben das, was die an sich bestehenden zivilrechtlichen Grenzen überschreitet. Das schließt es aus, den Arbeitskampf wie jede andere spezifische Handlungsfreiheit zu behandeln.

II. Funktion eines effektiven Streikrechts

Um die Rolle der Kampfmittelfreiheit für die gewerkschaftliche Seite richtig vor Augen zu bekommen, ist die Einsicht zentral, dass sie nicht an erster Stelle kommt. Das gilt nicht nur historisch. Vielmehr startet auch jede systematische Entwicklung des Arbeitskampfrechts mit dem Streik als dem essenziellen gewerkschaftlichen Kampfmittel. Das lässt sich exemplarisch nachvollziehen anhand der Entscheidung aus dem Jahr 1980 zu den Grenzen der suspendierenden Abwehraussperrung.[13] Diese beginnt ihrerseits mit der Rechtfertigung des Streiks, und sie muss auch so beginnen.[14]

Die Darstellung ist bekannt: Die ökonomischen Konstanten der liberalen Marktwirtschaft, Inflation und Produktivitätsfortschritt, verlangen schon für sich genommen eine turnusmäßige Erhöhung der Beschäftigtenvergütungen, um Kaufkraft und Vermögensverteilung zumindest konstant zu halten. Der Anspruch auf eine Umverteilung zwischen Kapital und abhängiger Beschäftigung mag hinzutreten. Aber schon den Kaufkraftausgleich macht die Arbeitgeberseite nur selten freiwillig. Erst das Streikrecht gibt den Gewerkschaften die Macht, die Arbeitgeberseite an den Verhandlungstisch zu bringen.

Warum aber ist der Streik tatsächlich das essenzielle gewerkschaftliche Kampfmittel? Der Streik könnte doch auch das historisch zufällig zuerst erfundene Kampfmittel sein; dem mögen im Zuge der Zeit andere Kampfmittel an die Seite treten, die den Streik womöglich eines Tages auch ablösen – wer will das schon wissen? Aber so ist es nicht. Der Streik ist das essenzielle Kampfmittel und das liegt an der ökonomischen Funktion des Streiks. Im Ergebnis besteht die Funktion natürlich darin, die Arbeitgeberseite ökonomisch zu schädigen. Worauf es aber entscheidend ankommt, ist der spezifische Modus der ökonomischen Schädigung.

Diesen Modus eingehend zu erläutern, verlangt eigentlich die Entfaltung eines größeren Theoriestücks. Das Folgende muss sich auf eine grobe Skizze be-

13 BAG 10.6.1980 – 1 AZR 822/79, AP GG Art. 9 Arbeitskampf Nr. 64.

14 BAG 10.6.1980, sub A I 2.

schränken: Anders als es gelegentlich in der Literatur vertreten wird, besteht der spezifische Modus der Schädigung nicht etwa darin, dass die gewerkschaftlich organisierten Beschäftigten ihre Arbeitsleistung zurückzuhalten.[15] Der spezifische Modus liegt vielmehr darin, die Verwertung der zu tarifierenden Arbeitsleistungen durch den Arbeitgeber zu unterbrechen. Warum ist das die präzise Auskunft?

Wenn die Gewerkschaft zum Streik aufruft, dann sind sich die Tarifvertragsparteien manifest uneinig darüber, wie die im Tarifvertrag geregelten Arbeitsleistungen vergütet werden sollen. Dieselbe Konstellation gibt es auch bei Schuldverträgen unter Privaten: Die Vertragsparteien sind sich uneins über den Preis einer Leistung. Solange man sich aber über den Preis nicht einig ist, kommt der Vertrag nicht zustande und der Tausch wird nicht vollzogen. Bis zu einer Einigung kann man darum als potenzieller Erwerber die Leistung auch nicht nutzen, namentlich auch nicht verwerten. Ein potenzieller Erwerber muss sich darum immer überlegen: Setzt er darauf, dass die begehrte Leistung noch einmal billiger wird, oder schlägt er doch zum angebotenen Preis ein, um früher in den Genuss der Leistung zu kommen.[16]

Wohlgemerkt: Die ökonomische Logik der Preisbildung ist im Fall des Tarifvertrags natürlich eine ganz andere als die Logik der Preisbildung im Fall eines Schuldvertrags über eine Leistung, die auf einem funktionsfähigen Markt angeboten wird. Im Fall des Tarifvertrags ist die ökonomische Logik nicht auf einen Binnenmarkt, sondern auf den Weltmarkt für den Produktionsfaktor Arbeit bezogen. Aber das ökonomische Kalkül für den potenziellen Erwerber, das ist vermittels des Streiks dasselbe: Solange der Preis der Arbeitsleistung nicht bestimmt ist, solange kann der Arbeitgeber sie nicht weiter verwerten.

Diese Spiegelung des ökonomischen Kalküls beim Schuldvertrag im tariflichen Kontext erhellt erst einmal, dass es beim Streik natürlich nicht nur um eine Zurückhaltung der Arbeitsleistungen der gerade gewerkschaftlich Organisierten geht. Sondern es geht um sämtliche Arbeitsleistungen von der Art, deren Vergütung im Rahmen des Tarifkonflikts bestimmt werden soll. Darum ist es richtig, dass sich – seit jeher anerkannt – auch Unorganisierte am Streik beteiligen können.[17] Aber die Implikationen dieser Spiegelung reichen weiter.

15 So *Picker*, ZfA 2011, S. 443, 469 ff.

16 Der Anschaulichkeit halber wird hier der Vergleich zu einem punktuellen vertraglichen Austausch wie dem Kauf gezogen. Dauerschuldverhältnisse haben dieselbe Problematik zu bewältigen. Das geschieht häufig mit einer Kombination von Anpassungsbefugnis und Kündigungsberechtigung. Das ist freilich ein Modus, der im Arbeitsrecht ausscheidet aufgrund der konstitutiven Rolle des Kündigungsschutzes (zu dieser Rolle *Rödl* in: Kuhli/Schmitt (Hrsg.), Vielfalt im Recht, Die Einheit des Arbeitsrechts, 100, 104 ff.).

17 BAG 29.11.1967 – GS 1/67, AP GG Art. 9 Nr. 13 sub IV 5 der Gründe.

Auf abstrakter Ebene sind sie damit richtig ausgedrückt, dass das Arbeitskampfrecht nicht nur einfach den Streik gestattet, sondern dass zu einem funktionsfähigen Tarifvertragssystem, das mit Art. 9 Abs. 3 GG als Institution vorausgesetzt und zugleich garantiert wird[18], die rechtliche Befugnis zu wirksamem Arbeitskampf gehört. Das Bundesverfassungsgericht hat es erstmalig in einer Entscheidung aus dem Jahr 1991 in Ausführungen zum Schutzbereich der Koalitionsfreiheit so formuliert:[19]

> *„Soweit die Verfolgung des Vereinigungszwecks von dem Einsatz bestimmter Mittel abhängt, werden daher auch diese vom Schutz des Grundrechts umfasst.*
>
> *Zu den geschützten Mitteln zählen auch Arbeitskampfmaßnahmen, die auf den Abschluss von Tarifverträgen gerichtet sind. Sie werden jedenfalls insoweit von der Koalitionsfreiheit erfasst, als sie allgemein erforderlich sind, um eine funktionierende Tarifautonomie sicherzustellen.*"

Denn nur dank der Möglichkeit, im Konfliktfall einen wirksamen Arbeitskampf zu führen, ist ein Tarifvertragssystem funktionsfähig, das durch Tarifautonomie und damit durch das Fehlen von Zwangsschlichtung charakterisiert ist.[20]

Wirksam – oder: *effektiv* – muss ein Streik also werden können. In diesem Zusammenhang muss man sich aber klarmachen, worauf sich die Maßgabe der Effektivität bezieht. Man kann sie schlecht auf einen angemessenen Tarifabschluss beziehen, im Sinne von: Das Streikrecht ist dann effektiv, wenn es zu angemessenen Abschlüssen führt. Denn einem Arbeitskampfrecht, das zu einem Tarifvertragssystem auf der Basis von Tarifautonomie gehört, steht die Beurteilung des materiellen Inhalts von Tarifverträgen grundsätzlich nicht zu.[21]

Die Alternative lautet: Die Maßgabe der Effektivität bezieht sich auf den Modus der streikweisen Schädigung, auf die Unterbrechung der Verwertung der Arbeitsleistungen. Ein effektives Streikrecht muss daher all das umfassen, was erforderlich ist, um diese Unterbrechung wirksam ins Werk zu setzen. Hier erst kommt der Grundsatz der Kampfmittelfreiheit ins Spiel.

---

18 Seit BVerfG 18.11.1954 – 1 BvR 629/52, BVerfGE 4, 96 sub B 2 b) bb).

19 BVerfG 26.6.1991 – 1 BvR 779/85, BVerfGE 84, 212 *sub* C I 1 a).

20 Der zwingende Zusammenhang von fehlender Zwangsschlichtung und Streikrecht ist explizit herausgestellt in BAG 10.6.1980 – 1 AZR 822/79, AP GG Art. 9 Arbeitskampf Nr. 64 *sub* A III 2.

21 BVerfG 26.6.1991 – 1 BvR 779/85, BVerfGE 84, 212 *sub* C I 3 b aa): „Eine solche Kontrolle [i.e.: gerichtliche Kontrolle der Tarifziele] widerspräche dem Grundgedanken der Tarifautonomie."

Zu einem effektiven Streikrecht gehört zunächst einmal, dass die Gewerkschaft über den Streikaufruf hinaus kommunikative Möglichkeiten erhalten muss, um Beschäftigte für eine Streikteilnahme zu werben. Dafür müssen vor dem Gelände des Unternehmens Streikpostenketten gebildet werden dürfen, es müssen Beschäftigte auch auf dem Firmenparkplatz angesprochen werden dürfen und es müssen die betrieblichen Möglichkeiten der digitalen Kommunikation genutzt werden können. Ganz treffend hat das Bundesarbeitsgericht, terminologisch im Anschluss an Jürgen Treber[22], in diesem Zusammenhang davon gesprochen, es handele sich hier gar nicht um eigenständige Kampfmittel, sondern um „streikakzessorische" Maßnahmen.[23]

Tatsächlich aber sind auch solche Maßnahmen, die das Bundesarbeitsgericht als eigenständige Kampfmittel behandeln möchte, stets darauf ausgerichtet, die Verwertung der Arbeitsleistungen zu unterbrechen. Es handelt sich daher vielleicht nicht, insofern man terminologisch beim Bundesarbeitsgericht bleiben will, um „streikakzessorische", wohl aber um „streikflankierende" Maßnahmen. Das gilt etwa für eine Betriebsblockade. Bei einer Betriebsblockade geht es um eine Konstellation, in der ein Streik für sich genommen nicht ausreicht, weil für den Arbeitgeber genug eigene Beschäftigte oder Beschäftigte von Dritten bereitstehen. Weil diese Beschäftigten ihr Streikrecht oder ihre Berechtigung zur Verweigerung von Streikarbeit nicht ausüben wollen, vermag es der Arbeitgeber, die Verwertung der zu tarifierenden Arbeitsleistungen fortzusetzen, obwohl die Höhe der Vergütung im Streit steht.

In dieser Situation kann eine effektive Unterbrechung der Verwertung der zu tarifierenden Arbeitsleistungen eine Blockade als zusätzliches Mittel erfordern.[24] Die Unterbrechung gelingt nämlich nur, wenn auch Streikarbeit effektiv unterbunden wird. Genauso wie bei den streikakzessorischen Maßnahmen, Stichwort Parkplatznutzung, spielt es für die Beurteilung der Zulässigkeit keine Rolle, ob eine effektive Unterbindung von Streikarbeit mit Besitzstörungen verbunden ist oder nicht. Und Gleiches gilt für Betriebsbesetzungen, für Betriebsstörungen unter Beteiligung Dritter oder für Verrufserklärungen gegenüber Kunden. Letztlich geht es immer um dasselbe, nämlich darum, eine Unterbrechung der Verwertung der zu tarifierenden Arbeitsleistungen ins Werk zu setzen, eben um effektives Streikrecht.

---

22 *Treber*, Aktiv produktionsbehindernde Maßnahmen, S. 106.

23 BAG 20.11.2018 – 1 AZR 189/17, AP GG Art. 9 Arbeitskampf Nr. 188, Rn. 29.

24 Zu einer möglichen Zulässigkeit von Betriebsblockaden gegenüber arbeitskampfbeteiligten Arbeitgebern noch BAG 21.6.1988 – 1 AZR 653/86, AP GG Art. 9 Arbeitskampf Nr. 109 *sub* B II 1 und 3; anders aber dann BAG 8.11.1988 – 1 AZR 417/86, AP GG Art. 9 Arbeitskampf Nr. 111.

Nun mag einigen vielleicht ein Diktum des Bundesarbeitsgerichts vor Augen stehen, demzufolge mit der Garantie des Streiks keine Erfolgsgarantie verbunden sei.[25] Das Arbeitskampfrecht kann also nicht die Funktion haben, eine innere Schwäche einer Gewerkschaft zu kompensieren. Dem sei mit dem bisher Gesagten nicht widersprochen. Allerdings muss man ausweisen, woran sich eine Konstellation innerer Schwäche unterscheidet von Konstellationen strukturell bedingter Schwäche, denen das Arbeitskampfrecht durchaus gerecht werden muss. Hierzu sei an dieser Stelle postuliert: Der Unterschied zeigt sich daran, ob die Arbeitsverhältnisse ihrer Art nach bereits zwingender Tarifierung unterliegen. Das bedeutet, eine bloße innere Schwäche kann sich eigentlich nur zeigen im Falle von Gewerkschaftskonkurrenz. Denn andernfalls gilt: Eine Gewerkschaft, der für einen einfachen Streik die Basis fehlt, wird sich nur dann dennoch mithilfe akzessorischer und flankierender Maßnahmen um eine Tarifierung bemühen, wenn sie diese Schwäche nicht sich selbst, sondern den strukturellen Umständen zuschreiben muss.

Bleibt abschließend noch eines zu klären, nämlich welche Rolle in dieser Darstellung der Grundsatz der Verhältnismäßigkeit spielt. Der soll doch als umfassender Kontrollmaßstab für den Einsatz eines jeden Kampfmittels fungieren.[26] Insofern stellt sich die Frage, ob alles, was soeben unter einer funktional verstandenen Kampfmittelfreiheit als zulässig ausgewiesen wurde, noch einmal einer eingehenden Verhältnismäßigkeitskontrolle unterzogen werden muss.

An dieser Stelle sei wenigstens eingeflochten, dass die öffentlich-rechtliche Verhältnismäßigkeit eigentlich nicht in den zivilrechtlichen Kontext vorsätzlicher Vermögensschädigung passt.[27] Mit Wolfgang Däubler[28] ist davon auszugehen, dass das Triftige, das die Verhältnismäßigkeitskontrolle zur Sprache bringen will, besser mit der zivilrechtlichen Figur des Schikaneverbots eingeholt wäre. Aber auch wenn man die gängige Verhältnismäßigkeitsprüfung zugrunde legt, gewinnt diese an Struktur und Gehalt, wenn man sie denn nicht auf den Tarifabschluss als Ziel bezieht, sondern auf den hier herausgestellten Modus der ökonomischen Schädigung, die Unterbrechung der Verwertung der zu tarifierenden Arbeitsleistungen.

Ob in einem konkreten Tarifkonflikt streikakzessorische oder streikflankierende Maßnahmen für eine Unterbrechung der Verwertung erforderlich sind, das wird man wieder wesentlich der Einschätzung der Gewerkschaften überlassen

---

25 BAG 10.9.1985 – 1 AZR 262/84, AP GG Art. 9 Arbeitskampf Nr. 86 *sub* B II 1.

26 BAG 22.09.2009 – 1 AZR 972/08, AP GG Art. 9 Arbeitskampf Nr. 174, Rn. 42 f.

27 *Rödl*, in: Däubler (Hrsg.), Arbeitskampfrecht, 2018, § 17 Rn. 102 ff.

28 *Däubler*, in: Däubler (Hrsg.), Arbeitskampfrecht, § 14.

müssen.[29] Man wird also von der Gewerkschaft lediglich einen Vortrag verlangen können, der nachvollziehbar macht, dass die in Rede stehenden Maßnahmen nicht offensichtlich nicht erforderlich sind, um den Streik effektiv werden zu lassen.

Andererseits aber fallen bestimmte Maßnahmen von vorneherein heraus, weil sie sich ihrer Art nach nicht als streikakzessorisch oder streikflankierend darstellen lassen. In der Sprache der Verhältnismäßigkeitsprüfung sind diese Maßnahmen dann zur Unterbrechung der Verwertung nicht erforderlich.[30] So fallen etwa vorsätzliche Schädigungen der Sachsubstanz von Betriebsmitteln heraus. Ein Band zu zertrümmern, mag als besonders rabiate Form der Betriebsstörung noch geeignet sein. Erforderlich ist sie nicht, es genügt, dass das Band stillsteht. Erst recht fallen vorsätzliche Verletzungen von Person und Persönlichkeit heraus, sei es von Arbeitgebern, seiner Repräsentanten oder leitenden Angestellten. Das versteht sich im Ergebnis natürlich von selbst. Aber man mag es durchaus als etwas anstößig empfinden, wenn etwa das *kidnapping* der Betriebsleiterin nach den einschlägigen Obersätzen eigentlich der Kampfmittelerfindungsfreiheit unterfallen müsste und erst ganz am Ende als unangemessen beurteilt wird.

Nach diesen Maßgaben bleibt für die Angemessenheit am Ende der Raum, den sie verdient, nämlich jenseits von Fällen der Schikane keiner. Denn ein Streik ist eigentlich immer angemessen. Das gilt auch, wenn er seine Effektivität erst streikakzessorischen und streikflankierenden Maßnahmen verdankt.

III. Arbeitgeberseite: Rechtfertigungslast statt Kampfmittelfreiheit

Oben wurde vorgeschlagen, die Kampfmittelfreiheit funktional, und zwar streikfunktional, zu verstehen. Noch einmal verdichtet: Es gehört zur gewerkschaftstypischen Betätigung, neben dem Streik zusätzliche Kampfmittel zu wählen oder auch neue zu erfinden, die der Gewerkschaft nachvollziehbar erforderlich erscheinen, um eine Unterbrechung der Verwertung der zu tarifierenden Arbeitsleistungen ins Werk zu setzen. Dieser aus der institutionell notwendigen Effektivität des Streikrechts entfaltete Begriff der Kampfmittelfreiheit der Gewerkschaften kann von vornherein keine symmetrische Freiheit sein, die gleichermaßen auch der Arbeitgeberseite zukäme.

29 So allgemein BAG 19.6.2007 – 1 AZR 396/06, AP GG Art. 9 Arbeitskampf Nr. 173, Rn. 26 f.

30 Hierzu ausführlicher: *Rödl/Beerwerth*, AuR 6/2021, 244–247.

Indessen werden die Obersätze zur Kampfmittelfreiheit regelmäßig symmetrisch formuliert. So hieß es etwa eingangs im obigen Zitat:[31]

> *Die Wahl der Mittel, mit denen die Koalitionen die Regelung der Arbeitsbedingungen durch Tarifverträge zu erreichen versuchen und die sie hierzu für geeignet halten, überlässt Art. 9 Abs. 3 GG grundsätzlich ihnen selbst.*

Insofern setzt sich die hier vertretene These auf den ersten Blick in Widerspruch zum Stand der Dinge. Aber ein genauerer Blick zeigt, dass innerhalb der stehenden Rechtsprechung eine Spannung besteht. Denn eigentlich hat auch das Bundesarbeitsgericht eine symmetrische Vorstellung von der Kampfmittelfreiheit aufgegeben.

Eine symmetrische Auffassung war noch tragend in der Entscheidung des Großen Senats aus dem Jahr 1955. Der damals schon ausgesprochene Grundsatz der Kampfmittelfreit war noch lange nicht um den Aspekt der Kampfmittelerfindungsfreiheit angereichert worden. Er sollte sich allein auf die angestammten Kampfmittel beziehen, auf Streik und Aussperrung.

> *Im Rahmen der sozialen Adäquanz gilt aber auch der Grundsatz der Kampffreiheit, genauer der Freiheit der Wahl der Kampfmittel. Das ergibt sich aus den Grundsätzen des freiheitlichen sozialen Rechtsstaates (Art. 18, 20, 21, 28 GG), insbesondere aus der allgemeinen Entfaltungsfreiheit (Art. 2 Abs. 1 GG) und aus dem Gesamtzusammenhang unserer wirtschafts- und verfassungsrechtlichen Grundprinzipien. Zu diesen Grundsätzen gehört das freie Spiel der wirtschaftlichen Kräfte, das die gegensätzlichen Interessen der am Wirtschafts- und Sozialleben Beteiligten ausbalanciert. Im Verhältnis von Arbeitgebern und Arbeitnehmern bedeutet das, dass im äußersten Fall jede Gruppe der anderen ihre Leistung entziehen kann, um sie zu einem entsprechenden Verhalten zu zwingen und den sozialen und wirtschaftlichen Ausgleich auf dem Gebiete der Arbeitsbedingungen herbeizuführen. Dabei darf jede Gruppe in den Grenzen des legitimen Kampfes das ihr gemäße, historisch überkommene, der Natur der Sache entsprechende Kampfmittel wählen.*[32]

Die Pointe der Kampfmittelfreiheit lag damals darin, dass die Parteien eines Tarifkonflikts ihre angestammten Kampfmittel einsetzen können sollten, wie sie wollen. Darin lag wesentlich die höchstrichterliche Autorisierung einer aus heutiger Sicht brachialen Vorstellung unbegrenzter Aussperrungsbefugnis:

---

31 BAG (Fn. 1).

32 BAG 28.1.1955 – GS 1/54, NJW 1955, 882 *sub* II 1.

Lösende oder suspendierende Aussperrung, Angriffs- oder Abwehraussperrung, Aussperrung von Sympathisanten oder zur Erweiterung des Kampfgebietes – all das sollte seinerzeit der Arbeitgeberseite zur Verfügung stehen.[33]

Von diesem symmetrischen Verständnis hat sich jedoch das Bundesarbeitsgericht in der wichtigen Entscheidung zu den Grenzen der Aussperrung im Jahr 1980 verabschiedet.[34] Diese Entscheidung beendete – berechtigterweise und ausdrücklich – die Kampfmittelfreiheit der Arbeitgeberseite. Schon mit Blick auf das angestammte Kampfmittel der Aussperrung ist die Arbeitgeberseite nicht einfach frei, zu kämpfen, wie sie will. Dasselbe muss erst recht gelten mit Blick auf neue Kampfmittel. Nach den Maßgaben der Entscheidung von 1980 muss die Arbeitgeberseite jedes Kampfmittel rechtfertigen, und zwar rechtfertigen als erforderlich, um ein durch eine besondere Streikpraxis erzeugtes Übergewicht der gewerkschaftlichen Seite wieder auszugleichen.[35] Es hieß in der Entscheidung:

> *Entscheidungserheblich ist nur die Frage, wie sich das Kräfteverhältnis der sozialen Gegenspieler darstellt, wenn die zuständige Gewerkschaft einen VerbandsTV fordert, jedoch nur einen kleineren Teil der betroffenen Arbeitnehmer zum Streik aufruft. …*
>
> *3. [Es] wird von den Arbeitgebern mit Recht eingewandt, Teilstreiks brächten ihnen unter Umständen übermäßige, mit dem Grundsatz der materiellen Parität unvereinbare Belastungen. …*
>
> *c) [Es] kann sich eine wesentliche Verschiebung des Kräftegleichgewichts zugunsten der Gewerkschaften ergeben, wenn sich Teilstreiks als wirksamer Angriff auf die Solidarität der Arbeitgeber darstellen. Diese Möglichkeit ergibt sich aus der Konkurrenzsituation und ist bei so eng begrenzten Arbeitskämpfen wie dem vorliegenden regelmäßig anzunehmen.*[36]

Während der Streik systematisch und damit generell gerechtfertigt ist, ist der Einsatz eines Kampfmittels der Arbeitgeberseite also konkret-empirisch rechtfertigungsbedürftig angesichts besonderer Umstände. Eine Pflicht zur konkret-empirischen Rechtfertigung eines Handelns angesichts besonderer Umstände ist das exakte Gegenteil einer Freiheit.

---

33 BAG (Fn. 32), *sub* II 3.

34 BAG 10.6.1980 – 1 AZR 822/79, AP GG Art. 9 Arbeitskampf Nr. 64.

35 BAG (Fn. 34), *sub* A I 3 c) und IV.

36 BAG (Fn. 34), *sub* A V.

Indessen ist einzuräumen, dass das Bundesarbeitsgericht in der Fortsetzung dieser Linie ins Schlingern gekommen ist.[37] Das betrifft zum einen eine Unsicherheit in der Klassifikation von Maßnahmen der Arbeitgeberseite als Kampfmittel. Die Berufung auf Fernwirkungen von Streiks und die Betriebsstilllegung mit der Folge einer Suspendierung der Vergütungspflicht sollen keine Kampfmittel sein. Aber sie sind es natürlich, denn ihre Anerkennung überschreibt die zivilrechtliche Lage.[38] Das betrifft zum anderen die Anforderungen an die konkrete empirische Rechtfertigung. Die hat das Bundesarbeitsgericht gegenüber der Entscheidung von 1980 erheblich abgesenkt. Denn es fragt nicht mehr, ob die Arbeitgeberseite das jeweilige Kampfmittel braucht, sondern ob die Gewerkschaftsseite bei Einsatz dieses Kampfmittels nur noch einknicken kann.[39]

Das sei nicht weiter vertieft. Das hier entfaltete Verständnis vom ökonomischen Sinn des Streiks unterstreicht zusätzlich, dass diese Linie dringend der Korrektur bedarf. Der Streik soll die Verwertung derjenigen Arbeitsleistungen unterbrechen, über deren Preis keine Einigkeit besteht. Damit bewirkt der Streik eine Spiegelung des ökonomischen Kalküls im schuldvertraglichen Kontext, wenn dort eine Einigung über den Preis einer Leistung fehlt. Ohne Einigung über den Preis kann der potenzielle Erwerber, beim Vertrag über den Erwerb von Arbeitsleistungen also die Arbeitgeberseite, die Leistung noch nicht nutzen. Im schuldvertraglichen Kontext ist es ganz sicher nicht akzeptiert, dass in dieser Lage der potentielle Erwerber den anderen Teil vorsätzlich schädigen dürfte, um den Preis zu drücken. Im Kollektivarbeitsrecht sollte es nicht anders sein.

IV. Zusammenfassung

Die Vorstellung vom Arbeitskampf als spezifische Betätigung der Koalitionen beider Seiten als Tarifvertragsparteien, die unter Art. 9 Abs. 3 GG wie jede andere spezifische Handlungsfreiheit und damit gerade rechtfertigungsfrei garantiert wäre, ist irreführend. Vielmehr ist richtig: Die kollektivarbeitsrechtliche Zulassung von Kampfmitteln überschreibt zivilrechtliches Unrecht, und das bedarf grundsätzlich der Rechtfertigung. Das gilt im Ansatz auch für den Streik. Aber dessen Rechtfertigung steht immer schon fest, denn diese Rechtfertigung ist systematisch und darum generell.

Dennoch besteht ein Grundsatz der Kampfmittelfreiheit und er hat auch eine wichtige Rolle. Diese Rolle erklärt sich aus der in die Koalitionsfreiheit einge-

---

37 Zum Folgenden ausführlich *Rödl*, in: Däubler, Arbeitskampfrecht, § 21.

38 *Rödl* (Fn. 37), Rn. 123 ff.

39 *Rödl* (Fn. 37), Rn. 190 ff.

schriebene institutionelle Garantie eines effektiven Streikrechts. Denn ein effektives Streikrecht ist notwendiges Element der Institution eines Tarifvertragssystems, das durch Tarifautonomie charakterisiert ist. Vor diesem Hintergrund bedeutet Kampfmittelfreiheit, dass die Gewerkschaften streikakzessorische und streikflankierende Mittel einsetzen und auch neu erfinden können, die ihnen nachvollziehbar erforderlich erscheinen, um den ökonomischen Sinn des Streiks zu realisieren. Dieser Sinn liegt präzise darin, die Verwertung der Arbeitsleistungen zu unterbrechen, deren Tarifierung im Konflikt steht.

B. Abkürzungen

AP	Arbeitsrechtliche Praxis – Nachschlagewerk des Bundesarbeitsgerichts
AuR	Arbeit und Recht (Zeitschrift)
BAG	Bundesarbeitsgericht
BVerfG	Bundesverfassungsgericht
GG	Grundgesetz
NJW	Neue Juristische Wochenschrift
VerbandsTV	Verbandstarifvertrag

Literatur

Däubler, Wolfgang, Arbeitskampfrecht: Handbuch für die Rechtspraxis, 4. Aufl., Baden-Baden 2018.

Dürig, Günter/Herzog, Roman/Scholz, Rupert/Di Fabio, Udo, Grundgesetz-Kommentar, 98. EL März 2022, Art. 2.

Picker, Eduard, Der Arbeitskampf in der Rechts- und Wirtschaftsordnung – Zu einer Dogmatik des Arbeitskampfrechts, Teil III: Grundsätze eines systemhomogenen Arbeitskampfrechts, ZfA 2011, 443.

Rehder, Britta/Deinert, Olaf/Callsen, Raphael, Arbeitskampfmittelfreiheit und atypische Arbeitskampfformen Rechtliche Bewertung atypischer Arbeitskampfformen und Grenzen der Rechtsfortbildung, Saarbrücken 2012.

Rödl, Florian, Die Einheit des Arbeitsrechts, in: Kuhli, Milan/Schmidt, Mareike (Hrsg.): Vielfalt im Recht, S. 100.

Rödl, Florian/Beerwerth, Joost, Streikmobilisierung auf Firmenparkplatz, Entscheidungsbesprechung, AuR 2021, S. 244.

Schaub, Arbeitsrechtshandbuch: systematische Darstellung und Nachschlagewerk für die Praxis, 18. Auflage, München 2019.

Treber, Jürgen, Aktiv produktionsbehindernde Maßnahmen, 1996.

Gewerkschaftsrechte im Betrieb

Gewerkschaftliche Strategien im Betrieb

Verena zu Dohna, Leiterin des Ressorts Betriebsverfassung und Mitbestimmungspolitik, IG Metall

A. Gewerkschaftsrechte sind Menschenrechte

Gewerkschaftsrechte umfassen die Versammlungsfreiheit, das Vereinigungsrecht und das Recht auf Kollektivverhandlungen und Kollektivmaßnahmen, darunter auch das Streikrecht. Gewerkschaftsrechte sind Grundrechte individueller Arbeitnehmerinnen und Arbeitnehmer sowie Gewerkschaften.

Demokratische Gesellschaften respektieren und schützen diese Rechte.

Gewerkschaftsrechte werden im Grundgesetz, aber auch durch die EU-Charta der Grundrechte, die Europäische Sozialcharta, die Europäische Menschenrechtskonvention und ILO-Übereinkommen garantiert. Gewerkschaftsrechte sind Ausdruck von Demokratie. Errungenschaften, die unter Druck stehen und deren Einhaltung in der Praxis leider keine Selbstverständlichkeit ist.

Diese Einbettung ist wichtig für die Einordnung des Themas, bevor wir den Fokus auf einzelne Gewerkschaftsrechte im Betrieb und Strategien richten.

Der Begriff der Strategie hat seinen Ursprung im Griechischen „strategos", womit sinngemäß die Kunst der Heeresführung bezeichnet wurde oder auch der General im griechischen Militär.

An dieser Stelle will ich mich mit einer von vielen Definitionen begnügen, wonach Strategie einen genauen Plan für ein Verhalten bezeichnet, der dazu dient, ein Ziel zu erreichen, wobei versucht wird alle Faktoren von vornherein einzukalkulieren.

Hauptamtliche Gewerkschaftsfunktionärinnen und Funktionäre haben bei der Durchsetzung von Gewerkschaftsrechten im Betrieb in der Regel einen Plan, der u.a. auf Erfahrung fußt. Wo wir Neuland betreten, kann die Strategie aber durchaus „Trial and Error" lauten, insofern begreifen wir uns selbst als lernende Organisation. Dazu gehört mit Blick auf das Führen von Rechtsstreitigkeiten vor den Arbeitsgerichten in regelmäßigen Abständen auch das Infrage stellen scheinbarer Gewissheiten. Gewissheiten in Form höchstrichterlicher Rechtsprechung oder auch der sog. herrschenden Meinung. Denn so wie sich die gesellschaftlichen, sozialen und wirtschaftlichen Rahmenbedingungen ändern und durch neue Herausforderungen gekennzeichnet sind, ist auch das Recht nicht in Stein gemeißelt.

Nach unserem Verständnis ist jedwede Strategie im Betrieb, also das planvolle Vorgehen, mit konkreten Zielen verbunden – d.h. keine Strategie ohne Ziel.

B. Gewerkschaftliche Ziele im Betrieb

Es sind im Wesentlichen folgende Ziele, die im Mittelpunkt des gewerkschaftlichen Wirkens im Betrieb stehen:

C. Interessenvertretung von Arbeitnehmerinnen und Arbeitnehmern

Dreh- und Angelpunkt von Arbeitsbeziehungen jedweder Art ist der Interessengegensatz zwischen Kapital und Arbeit. Gewerkschaftliche Aktivitäten kommen häufig allen Arbeitnehmerinnen und Arbeitnehmern zu Gute, was jedoch nichts daran ändert, dass Gewerkschaften Mitgliedsorganisationen sind und auch nur Mitglieder einen Rechtsanspruch z.B. auf tarifliche Leistungen haben. Bestandteil gewerkschaftlicher Interessenvertretung ist der Einsatz für „Gute Arbeit". Was heißt „Gute Arbeit"? Darunter ist gesunde Arbeit ohne übermäßige körperliche und psychische Beeinträchtigungen zu verstehen, die dauerhaft ausführbar und im besten Fall sinnstiftend ist und eine Persönlichkeitsentfaltung ermöglicht. Außerdem gehört zu „Guter Arbeit" ein Arbeitsentgelt von dem die Beschäftigten leben können, womit nicht nur die Abdeckung von Grundbedürfnissen, sondern auch gesellschaftliche Teilhabe gemeint ist.

I. Starke Betriebsräte

Zunächst gilt es insbesondere in Betrieben ohne Betriebsrat zu erreichen, dass ein Betriebsrat gewählt wird. Folgende Ziele hat sich die IG Metall für die Betriebsratswahlen 2022 gesetzt:

- In 10.500 Betrieben Betriebsräte zu installieren
- Eine hohe Wahlbeteiligung

- Die IG Metall stellt in allen BR-Gremien die Mehrheit
- Die BR-Gremien bilden die Beschäftigtenstruktur im Betrieb ab
- Positive Mitgliederentwicklung
- Möglichst kein BR-Mandat für Rechtspopulisten

Die endgültigen Auswertungen liegen noch nicht vor, aber es kann bereits ein positives Zwischenfazit gezogen werden. So wurde das Ziel 10.500 neuer Betriebsratsgremien wohl erreicht, gleichzeitig ist die IG Metall stärker geworden vor allem im KMU-Bereich (Betriebe mit 5–500 Beschäftigten), außerdem zeichnet sich ein Trend zu vergleichsweise jüngeren und weiblicheren Gremien ab. So erfreulich dieses Ergebnis unter den erschwerten Rahmenbedingungen der Coronakrise ist, so wenig ändert es an der seit Jahren andauernden Erosion der betrieblichen Mitbestimmung. Das Institut für Arbeitsmarkt- und Berufsforschung der Bundesagentur für Arbeit (IAB) veröffentlicht in regelmäßigen Abständen Zahlen, die sowohl den Rückgang der betrieblichen Mitbestimmung als auch der Tarifbindung belegen.

Was ist mit „starke" Betriebsräte gemeint? Betriebsräte, die ihre Handlungsmöglichkeiten und Instrumente kennen und je nach Bedarf auch nutzen, die konfliktfähig und durchsetzungsstark sind. Letzteres hängt neben dem grundsätzlichen Selbstverständnis des Gremiums ganz wesentlich auch vom Rückhalt in der Belegschaft und vom gewerkschaftlichen Organisationsgrad ab. Mit hohem Organisationsgrad im Betrieb lassen sich nämlich die meisten Herausforderungen und Probleme ganz ohne Juristerei oder Gerichtsverfahren lösen. Wenn ein Gremium den Rechtsweg scheut, dann ist eine Bewertung der Erfolgsaussichten umso wichtiger. Das ist ähnlich wie bei einer erstmaligen Betriebsratswahl: Ist diese gescheitert, so kann es viele Jahre dauern, bis die Belegschaft einen erneuten Anlauf nimmt.

II. Hoher gewerkschaftlicher Organisationsgrad

Je mehr Beschäftigte Gewerkschaftsmitglied sind, desto größer die Handlungsfähigkeit im Betrieb.

Die o.g. Ziele (Interessenvertretung im Sinne von guter Arbeit, starke Betriebsräte und Mitgliederwerbung) korrelieren mit entsprechenden Gewerkschaftsrechten und müssen mit Leben gefüllt werden, jeden Tag auf's Neue.

Der Schlüssel zur Erreichung all dieser Ziele ist Kommunikation.

Durch Corona kam es zu Beschränkungen der Kommunikation, aber auch zu einem forcierten Wandel der Kommunikationsformen. Die Herausforderung aus Gewerkschaftssicht lautete: „Wie sichtbar bleiben im Betrieb?" Beschäftigte in der Produktion haben wie viele andere etwa in der Pflege oder im Einzelhandel nicht die Möglichkeit vom „Home-Office" Gebrauch zu machen und mussten sich nicht nur erhöhten Risiken aussetzen, sondern auch erschwerte Arbeitsbedingungen infolge notwendiger Arbeitsschutzauflagen in Kauf nehmen. Umso wichtiger, dass auch in schwierigen Zeiten gewerkschaftliche Ansprechpartner präsent sind. Eine besondere Rolle kommt hier den Vertrauensleuten als Bindeglied zwischen Belegschaft und Gewerkschaft, aber auch zum Betriebsrat zu. Sie sind Sprachrohr der in der IG Metall organisierten Kolleginnen und Kollegen, die IG Metall im Betrieb.

In der Regel haben wir es im Betrieb mit kollektiven Problemfeldern zu tun und der kollektive Handlungsansatz ist zumeist und zu Recht der favorisierte. Als einzelner Beschäftigter mit dem Arbeitgeber zu verhandeln kann ein einsames und schwieriges Unterfangen sein, da fehlt es schlicht am Machtgleichgewicht.

Auch wenn es in der Regel um ernste und existenzielle Themen geht, darf Arbeit genauso wie betriebliches und gewerkschaftliches Engagement Spaß machen, das kann dann eine Beachparty für gute Ausbildung oder ein Jugendaktionstag für unbefristete Übernahme sein.

Schlüsselbegriffe in diesem Zusammenhang sind Partizipation und Resilienz. D.h. Selbstbestimmung anstatt Fremdbestimmung. Außerdem geht es um Widerstandsfähigkeit und die Erfahrung, wir sind viele und können gemeinsam etwas verändern.

Gewerkschaften bieten ihren Mitgliedern im besten Fall diese positive Erfahrung. Voraussetzung dafür ist, dass Betriebsratsgremien die eigenen Rechte und Pflichten kennen. Kommunikation und Wissensvermittlung findet in den entsprechenden Schulungsangeboten von Gewerkschaften und ihren Bildungsstätten statt. Insbesondere neugewählten Betriebsratsmitgliedern bietet die Nutzung dieser Angebote wertvolle Orientierung und Hilfestellung.

Hinzu kommen die klassischen Vorteile für Mitglieder in Gestalt von Rechtsberatung und Rechtsschutz, wobei wir unseren Auftrag auch in einer Weiterentwicklung des Rechts im Sinne unserer Mitglieder sehen.

Last but not least bedeutet ein hoher Organisationsgrad, streikfähig und damit gegenüber dem Arbeitgeber durchsetzungsfähig zu sein.

D. Gewerkschaftsrechte im Betriebsverfassungsgesetz

Gemäß § 2 Abs. 1 BetrVG arbeiten Arbeitgeber und Betriebsrat unter Beachtung der geltenden Tarifverträge vertrauensvoll und im Zusammenwirken mit den im Betrieb vertretenen Gewerkschaften und Arbeitgebervereinigungen zum Wohl der Arbeitnehmer und des Betriebs zusammen. Eine Regelung, die bei aller Kritikwürdigkeit (Vertrauen per Gesetz?) Ausgangspunkt für Gewerkschaftsrechte in der Betriebsverfassung ist. Diese Rechte sind in der Regel an die Voraussetzung geknüpft, dass die betreffende Gewerkschaft über mindestens ein Mitglied im Betrieb verfügt, und sie sind über das gesamte BetrVG verteilt. Dazu gehört das Recht zur Teilnahme an Betriebsversammlungen und Betriebsratssitzungen genauso, wie eine Reihe von Gestaltungs- und Kontrollrechten.

Vor dem Hintergrund, dass Kommunikation das „A und O“ ist, will ich aber nur auf zwei Themen eingehen:

I. Zugang zum Betrieb

Das gewerkschaftliche Zugangsrecht zum Betrieb ist regelmäßig Gegenstand von Konflikten mit Arbeitgebern. Dieser „Klassiker“ des gewerkschaftlichen Rechtsschutzes hat seine Ursache nicht etwa in einer besonders komplizierten Rechtslage, sondern in der zu einem gewissen Prozentsatz unter Arbeitgebern anzutreffenden grundsätzlichen Ablehnung von Gewerkschaften und einer wie auch immer gearteten Zusammenarbeit mit denselben. So bleibt die erstmalige schriftliche Kontaktaufnahme seitens der Gewerkschaft häufig unbeantwortet. Es folgen weitere Kontaktversuche und Gesprächsangebote einschließlich Hinweisen sowohl auf das betriebsverfassungsrechtliche als auch auf das koalitionsrechtliche Zugangsrecht. Neben grundsätzlicher Ablehnung und Ignoranz werden daraufhin häufig Bedingungen und Auflagen ersonnen, die mit dem Recht nicht vereinbar sind. Beispiele hierfür sind Versuche von Arbeitgebern, nur bestimmten, ihnen genehmen, Beauftragten der Gewerkschaft Zutritt zu gewähren, den Zutritt auf eine Person zu begrenzen, eine ständige Begleitung durch den Arbeitgeber oder seiner Vertreter vorzusehen bis hin zu inakzeptablen Haftungsvereinbarungen für den Fall, dass es nach dem Besuch zu einem Coronaausbruch im Betrieb kommen sollte.

Daher muss regelmäßig der einstweilige Rechtsschutz zur Durchsetzung des Zugangsrechts bemüht werden.

Ebenso große praktische Relevanz und teilweise ungeklärte Rechtsfragen bringt die relativ neue Diskussion um das digitale Zugangsrecht mit sich. Die Bedeutung des digitalen Zugangsrechts wird mit zunehmender Digitalisierung, sei es durch sog. Plattformarbeit, sei es durch die Verbreitung mobiler Arbeit, immer wichtiger. Dabei kann das „Ob“ mit Blick auf die in der Verfassung geschützte Koalitionsfreiheit und Tarifautonomie m.E. nicht ernsthaft in Frage gestellt werden. Die Verneinung eines digitalen Zugangsrechts für Gewerkschaften würde eine unzulässige Verkürzung der verfassungsrechtlich abgesicherten gewerkschaftlichen Betätigungsfreiheit bedeuten und wäre darüber hinaus nicht mit dem Sinn und Zweck von § 2 Abs. 2 BetrVG vereinbar, da ohne digitales Zugangsrecht Gewerkschaften die ihnen zugewiesenen Aufgaben und Befugnisse nicht oder nur eingeschränkt wahrnehmen können. Der Gesetzentwurf des DGB für ein modernes Betriebsverfassungsgesetz vom April 2022 (Sonderbeilage zu Arbeit und Recht, 4–2022) enthält dazu eine klarstellende Regelung, die deutlich macht, dass es sich beim digitalen Zugangsrecht um ein zusätzliches Recht neben dem physischen Zugangsrecht handelt. Danach umfasst das Zugangsrecht auch den Zugang zu den im Betrieb genutzten elektronischen Kommunikationsmedien, wobei der Arbeitgeber und seine Beauftragten die erforderlichen Mitwirkungshandlungen vorzunehmen haben. Dies ist ein Arbeitgeber nicht überfordernder, schonender Ansatz, da lediglich auf die ohnehin im Betrieb eingesetzten Medien abgestellt wird. Wie bisher gibt es keinen Anspruch auf die Anschaffung einer bestimmten Software. Gesetze weisen zwangsläufig einen gewissen Abstraktionsgrad auf, um eine Vielzahl von Sachverhalten zu erfassen. D.h. es bleibt Raum zur Diskussion über das „wie“ der Ausgestaltung des digitalen Zugangsrechts. Den DGB-Entwurf zu Grunde legend, müsste im Einzelfall geprüft und beantwortet werden, was erforderliche Mitwirkungshandlungen des Arbeitgebers sind.

Neben der Herausgabe der betrieblichen E-Mail-Adressen der Beschäftigten durch den Arbeitgeber an die Gewerkschaft, kommt eine Art „Schwarzes Brett“ im betriebsinternen Intranet oder eine Verlinkung über das Intranet zu gewerkschaftlichen Informationen und Websites in Betracht. Für den Öffentlichen Dienst enthält § 9 Abs. 3 S. 2 BPersVG einen Anspruch auf Verlinkung zum jeweiligen Internetauftritt auf Verlangen einer Gewerkschaft oder Arbeitgebervereinigung. Gegen die Weiterleitung von Informationen der Gewerkschaft durch den Arbeitgeber spricht, dass das aufzunehmende Widerspruchsrecht einzelner Beschäftigter, die diese Informationen nicht erhalten möchten, gegenüber dem Arbeitgeber auszuüben wäre, der auf diese Weise einen unzulässigen Überblick über die Gewerkschaftsnähe seiner Belegschaft erhielte.

Rechtssicherheit könnte durch Vereinbarungen der jeweiligen Sozialpartner hergestellt werden, entsprechende Regelungen zum digitalen Zugangsrecht gibt es beispielsweise im Organisationsbereich der IGBCE. Schwieriger erscheint dagegen die Ausgestaltung über Betriebsvereinbarungen. Thematisch böte sich evtl. eine Regelung im Zusammenhang mit Vereinbarungen zu mobiler Arbeit an. Zu beachten ist allerdings, dass die Betriebsparteien gewerkschaftliche Rechte nicht einschränken können.

Eine gesetzliche Klarstellung bleibt unverzichtbar und ist auch im Koalitionsvertrag vorgesehen. Der DGB-Vorschlag beseitigt bei der Gelegenheit, die von der Rechtsprechung entwickelte Beschränkung des Zugangsrechts zur Mitgliederwerbung auf einen Termin pro Halbjahr.

II. Beteiligung/Umfragen im Betrieb

Die IG Metall hat sich schon lange von sog. „Stellvertreterpolitik" verabschiedet und ist stattdessen eine „Mitmachgewerkschaft", die auf das Engagement ihrer Mitglieder setzt. Beteiligung wird großgeschrieben und ist nicht nur bei Tarifrunden von höchster Bedeutung, sondern auch dann, wenn es darum geht, den künftigen politischen Kurs zu bestimmen. Die hierfür notwendige Meinungsbildung beginnt im Betrieb. Das Instrument der Beschäftigtenbefragung ist dabei besonders wichtig, sonst können Gewerkschaften ihre Aufgaben gar nicht oder zumindest nicht gut erfüllen, wenn sie nicht wissen, wo ihren Mitgliedern und potenziellen Mitgliedern der Schuh drückt. Dazu passt ein Zitat von Hugo Sinzheimer: „Wer das Arbeitsrecht allein im Gesetz sucht, der wird es nicht finden." D.h., wir müssen in den Betrieb und uns mit den tatsächlichen Verhältnissen und Gegebenheiten auseinandersetzen.

Beschäftigtenbefragungen während der Arbeitszeit sind zulässig, soweit die Arbeitsabläufe nicht unverhältnismäßig beeinträchtigt werden. Gewerkschaftliche Umfragen sind i.d.R. in eigenem Interesse nicht zu lang, damit ein hoher Rücklauf erzielt wird, aber es will auch niemand mit der Stoppuhr danebenstehen.

In der Praxis wird daher häufig eine defensive Strategie verfolgt und dazu geraten, die Beantwortung in der Pausenzeit vorzunehmen, um Konflikte mit dem Arbeitgeber zu vermeiden. Hilfreich insofern auch hier der DGB-Entwurf, der in § 80 Abs. 3 BetrVG neu regelt, dass der Betriebsrat und/oder die im Betrieb vertretene Gewerkschaft zur Wahrnehmung ihrer Aufgaben Beschäftigtenbefragungen durchführen können.

E. Fazit

Die besten gewerkschaftlichen Strategien kommen an ihre Grenzen, wenn das Recht nicht Schritt hält mit den aktuellen und zukünftigen Herausforderungen der Arbeitswelt, wobei die Digitalisierung nur eine von vielen Herausforderungen ist.

Die ein oder andere Lösung wird die Rechtsprechung finden müssen. Unabhängig davon ist es jedoch dringend an der Zeit für eine grundlegende Reform der Betriebsverfassung. Das wird noch viel deutlicher mit Blick auf die Mitbestimmungsrechte des Betriebsrats. In diesem Zusammenhang wird der DGB-Entwurf für ein neues BetrVG nicht nur in den Betrieben und gewerkschaftlichen Bildungsstätten, sondern auch in der juristischen Fachwelt rege diskutiert, was die Autorinnen und Autoren freut.

Noch mehr freut es uns dann, wenn der Gesetzgeber Taten folgen lässt.

Tarifbindung, Arbeitskampf
und Sozialrecht

Mittelbare Arbeitskampffolgen: Geschichte und Perspektiven

Prof. Dr. Michael Kittner, Universität Kassel/IG Metall

Mit Arbeitskampfmaßnahmen (Streik, Aussperrung, Boykott) sollen der Gegenseite wirtschaftliche Nachteile zur Durchsetzung bestimmter Forderungen zugefügt werden. So weit, so trivial. Ebenso geläufig ist, dass es meistens damit nicht sein Bewenden hat. Die darauf beruhende Nichterbringung von Leistungen hat nahezu unvermeidlich Folgen über den unmittelbaren Adressaten hinaus:

- Andere Geschäftspartner warten vergeblich auf seine Leistungen und Lieferungen,
- er kann Vorleistungen bzw. -material von Zulieferern nicht mehr abnehmen,
- diese können ihre Arbeitnehmer nicht weiterbeschäftigen und
- schließlich trifft es weitere potenzielle Abnehmer/Kunden/Publikum, möglicherweise bis zu einem Grade, bei dem diese Art von Arbeitskampffolgen gegenüber dem unmittelbaren Arbeitskampfgeschehen dominiert.

Letzterer Aspekt stand im Mittelpunkt der Betrachtungen zum Arbeitskampfgeschehen in Deutschland in den letzten zwei Dekaden – sei es tatsächlich, sei es in der öffentlichen Wahrnehmung – etwa bei Streiks in Verkehrsbetrieben (Bahn, Flugverkehr) oder im Gesundheits- und Bildungswesen. Davor in den 1970er und 1980er Jahren ging es – neben Aussperrung und Warnstreiks – vor allem um das Problem der mittelbar betroffenen Arbeitnehmer und ihrer Alimentierung, kulminierend in der Auseinandersetzung um § 116 AFG, der Zahlung von Kurzarbeitergeld durch die (damals) Bundesanstalt für Arbeit. Damit und gipfelnd in der Frage, wie es an dieser Front weitergehen soll, will ich mich hier hauptsächlich befassen. Aber auch die übrigen mittelbaren Arbeitskampffolgen sind der gewissermaßen „nachrichtlichen“ Befassung wert. Denn auch in ihnen schlummert Potenzial für künftige Probleme.

A. Mittelbare Folgen für Geschäftspartner

Wenn ein Unternehmen wegen ihn treffender Arbeitskampfmaßnahmen seine Verträge gegenüber anderen Vertragspartnern als den Arbeitnehmern nicht mehr erfüllen kann, bedeutet das in der Regel eine große wirtschaftliche Herausforderung.[1] Dabei ist auf den ersten Blick erstaunlich, dass die Fragen einer Haftung des erstbetroffenen Unternehmens, sei es wegen Unmöglichkeit der eigenen Leistung, sei es wegen Annahmeverzugs, bis heute juristisch ganz und gar nicht geklärt ist.[2] Aber schon die Tatsache, dass es dazu keine Rechtsprechung gibt, sagt alles. Denn die Praxis wird weitestgehend durch auf sog. Konditionen-Empfehlungen der großen Wirtschaftsverbände beruhenden Freizeichnungsklauseln in den jeweiligen Lieferverträgen bestimmt (im Sinne von: das arbeitskampfbetroffene Unternehmen haftet regelmäßig nicht).[3]

Das muss freilich nicht so bleiben, wenn an die abnehmende Mitgliederzahl und Bindekraft der Arbeitgeberverbände gedacht wird. Auch ist völlig unklar, in welchem Umfang Freizeichnungsklauseln gegenüber ausländischen Geschäftspartnern durchsetzbar sind.[4] Jedenfalls fehlt es in dieser Hinsicht an jeglicher rechtstatsächlichen Information – ein möglicherweise interessantes Forschungsfeld.

B. Mittelbare Folgen für weitere Kreise („Allgemeinheit")

Dieser Aspekt ist bei weitem bedeutender, ja dominierte bis in die 1950er Jahre die auch rechtliche Betrachtung des Arbeitskampfgeschehens.[5]

So ist es wohl kein Zufall, dass der allererste in der Weltgeschichte dokumentierte Arbeitskonflikt uns wohl nur wegen seiner mittelbaren Folgen überliefert ist: Die Arbeitsniederlegung von etwa 40 ägyptischen Nekropolenarbeitern im Jahre 1155 vor Christus ist einer Papyrus-Niederschrift sicher nur deshalb für Wert gehalten worden, weil sie den zentralen religiösen Kult der damaligen Gesellschaft gestört hatte.[6] Und es dürfte ein zentraler Aspekt eines der ausgedehntesten Handwerker-Streiks der frühen Neuzeit, des Streiks der Colmarer Bäcker (1495–1505), gewesen sein, dass es den Streikenden gelang,

1 Schadensersatzansprüche gegenüber dem Veranlasser der zugrundeliegenden Kampfmaßnahme scheiden wegen des Fehlens eines direkten Eingriffs in den drittbetroffenen Gewerbebetrieb aus (vgl. BAG 25.8.2015 – 1 AZR 754/13, BAGE 152, 240).

2 Vgl. Däubler/*Däubler*, Arbeitskampfrecht, § 25 Rn. 6 ff.; grundlegend *Löwisch*, AcP 174 (1974) 202, 224.

3 Vgl. *Kittner*, Arbeitskampf, 641 ff.

4 Vgl. *Kittner*, Arbeitskampf, 642.

5 Zum ganzen Komplex vgl. *Hensche*, Tarifautonomie und Streikrecht im Spannungsfeld verfassungsimmanenter Konflikte, in *Deinert* u.a., Festschrift für Michael Kittner, 137 ff.

6 Eingehend *Kittner*, Arbeitskampf, 9 ff. Streng genommen, dürfte dieser Arbeitskonflikt hier gar nicht auftauchen, denn es handelte sich es dabei nicht um einen „Streik", wie die Ägyptologen formulieren, sondern um die Ausübung eines Zurückbehaltungsrechts wegen ausgebliebener Entgeltleistungen.

die gesamte Brotproduktion dieser Stadt zum Erliegen zu bringen.[7] Die Interventionen Kaiser von Wilhelm II. bei den großen Bergarbeiterstreiks 1889 und 1905 erfolgten wegen der von der Regierung so gesehenen *„ungeheuren Bedeutung der Kohle für das ganze Wirtschafts- und Gesellschaftsleben.“*[8] Nach Ausbruch des Ersten Weltkrieges verzichteten die Gewerkschaften von sich aus gänzlich auf Streiks (und die Arbeitgeber in Anschluss daran auf Aussperrungen).[9] Schließlich stand die ganze, freilich sehr kurze Epoche der Weimarer Republik unter dem Zeichen der Staatsintervention durch Zwangsschlichtung. Sie hatte ihren Ursprung in den ökonomischen Problemen der unmittelbaren Nachkriegszeit, was der „Vorwärts“ am 24. April 1919 unverblümt zum Ausdruck brachte: *„Wir leiden unter der Streiknot mehr als irgendein anderes Land. Es müssen obligatorische Schiedsgerichte für Arbeitsstreitigkeiten geschaffen werden, um die Streiks in Zukunft unmöglich zu machen.“*[10] Die zu dieser Zeit etablierte Schlichtungs-Institution wurde aber auch dann noch beibehalten, als die Gewerkschaften gar nicht mehr zu autonomer Kraftentfaltung imstande waren. Ab dieser Phase diente sie der staatlichen Lohnpolitik, bis das ganze System mit der Machtergreifung der Nationalsozialisten zu Ende kam.

Die Zeit nach 1945 brachte zunächst eine fundmentale Änderung in der Hinsicht, dass die Zwangsschlichtung mit dem Kontrollratsgesetz Nr. 45 vom 20. August 1946, das später Bundesrecht geworden ist, abgeschafft wurde.[11] Wer daraus allerdings auf tendenziell weite Grenzen der Arbeitskampffreiheit aufgrund des als einschlägig gedachten § 826 BGB schließen möchte, muss sich an die im Schatten der Zwangsschlichtung der Weimarer Republik fast unbemerkt gebliebene Änderung der Rechtsprechung des RAG erinnern lassen. Danach konnte ein Streik schon dann als rechtswidrig behandelt werden, *„wenn der beabsichtigte Erfolg als ein berechtigtes Ziel nicht erscheint.“*[12] Dem gegenüber brachte die zunächst vor allem als Restriktion empfundene Sozialadäquanz-Rechtsprechung *Nipperdeys* eine Befreiung der Kampffreiheit von unvorhersehbaren und unkalkulierbaren Rechtswidrigkeitsrisiken.[13] Vor allem schützte das auf einen unmittelbaren Eingriff in den „eingerichteten und ausgeübten

7 Vgl. *Kittner*, Arbeitskampf, 65.
8 *Kittner*, Arbeitskampf, 358.
9 Vgl. *Kittner*, Arbeitskampf, 381.
10 *Kittner*, Arbeitskampf, 456.
11 Zu deren auch verfassungsrechtlicher Unzulässigkeit vgl. BVerfG 6.5.1964 – 1 BvR 79/62, BVerfGE 18, 18; *Kissel*, Arbeitskampfrecht, § 70 Rn. 26 ff.
12 *RAG* 3.2.1930, Bensheimer Sammlung 8, 266.
13 Hierzu eingehend *Kittner*, Arbeitskampf, 607.

Gewerbetrieb" ausgerichtete Konzept der „Betriebsbezogenheit" gegen Ansprüche außenstehender Betroffener.[14]

Unter maßgeblicher Beteiligung *Nipperdeys* wurde freilich zugleich die Spur zu einer fundamentalen Infragestellung der von ihm gerade implementierten neuen Arbeitskampffreiheit gelegt. Denn in der ersten Entscheidung des Großen Senats des neu geschaffenen BAG in Arbeitskampfsachen vom 28. Januar 1955 findet sich folgender berühmt gewordener Arbeitskampf-averser Satz: *„Arbeitskämpfe (Streik und Aussperrung) sind im allgemeinen unerwünscht, da sie volkswirtschaftliche Schäden mit sich bringen und den im Interesse der Gesamtheit liegenden sozialen Frieden beeinträchtigen. Aber sie sind in bestimmten Grenzen erlaubt, sie sind in der freiheitlichen, sozialen Grundordnung der Bundesrepublik zugelassen."*[15] Das wurde dramatisch gesteigert mit der zweiten (und bislang letzten) Entscheidung des Großen Senats in Arbeitskampfsachen vom 21. April 1971 unter dem Vorsitz von *Gerhard Müller*, der seinen Vorgänger als Rechtsgestalter noch überbieten wollte: *„Arbeitskämpfe müssen zwar nach unserem freiheitlichen Tarifvertragssystem möglich sein, um Interessenkonflikte über Arbeits- und Wirtschaftsbedingungen im äußersten Fall austragen und ausgleichen zu können. In unserer verflochtenen und wechselseitig abhängigen Gesellschaft berühren aber Streik wie Aussperrung nicht nur die am Arbeitskampf unmittelbar Beteiligten, sondern auch Nichtstreikende und sonstige Dritte sowie die Allgemeinheit vielfach nachhaltig. Arbeitskämpfe müssen deshalb unter dem obersten Gebot der Verhältnismäßigkeit stehen. Dabei sind die wirtschaftlichen Gegebenheiten zu berücksichtigen, und das Gemeinwohl darf nicht offenkundig verletzt werden."*[16] Diese nahezu uferlose Selbstermächtigung des BAG zur Streikzensur wurde jedoch nicht Wirklichkeit.

In beiden dem Großen Senat vorliegenden Fällen konnten die konkret zu treffenden Fragen unberührt von diesen Obersätzen entschieden werden. Sowohl der erste Senat des BAG selbst als auch das BVerfG verhinderten deren ausufernde Operationalisierung als Streikhindernisse. Das BVerfG lehnte eine „Tarifzensur" im Sinne einer gerichtlichen Kontrolle von Tarifzielen ab,[17] und das BAG flankierte dies einerseits mit einer Absage an eine „Verhandlungszensur"[18] und anderseits einer „Verhältnismäßigkeits"-Rechtsprechung, die Fantasien zu Streikkontrolle aus ökonomischen Gründen keinen Raum

14 Mit diesem Argument wies das *BAG* die Ansprüche von mittelbar betroffenen Fluggesellschaften gegen die Fluglotsengewerkschaft zurück, die wegen deren Streik nicht fliegen konnten (vgl. BAG 25.8.2015 – 1 AZR 754/13, BAGE 152, 240).

15 BAG 28.1.1955 – GS 1/54, BAGE 1, 291, vgl. *Kittner*, 50 Urteile, 281.

16 BAG 21.4.1971 – GS 1/68, BAGE 23, 292, vgl. *Kittner*, a.a.O.

17 Vgl. BVerfG 26.6.1991 – 1 BvR 779/85, BVerfGE 84, 212, 231.

18 Vgl. BAG 21.6.1988 – 1 AZR 651/86, BAGE 58, 364.

ließen.[19] Dazu kam eine rechtliche Immunisierung der Tarifpolitik gegenüber dem Vorwurf, für die Inflation verantwortlich zu sein.[20]

Das alles scheint eine Bilanz zu erlauben, wonach generelle mittelbare Folgen von Arbeitskämpfen (gedacht wird dabei immer an Streiks) kein wirkliches Problem des deutschen Arbeitskampfrechts mehr seien. Das stimmt und stimmt auch nicht. Denn es gibt, von Seiten der Arbeitgeber und nicht wenigen ihnen nahestehender Arbeitsrechtler, eine Art Fundamentalopposition gegen die Arbeitskampfrechtsprechung des BAG und des BVerfG.[21] Die Sprache ist von *„innovativ-gewerkschaftsfreundlicher Ausrichtung der Judikatur"*[22] bzw. *„Deregulierung des Arbeitskampfrechts durch das BAG"*, der gegenüber die *„Notwendigkeit einer ‚Re-Regulierung' des Arbeitskampfrechts"* bestehe.[23] An die Stelle der als völlig verfehlt bezeichneten Verhältnismäßigkeits-Rechtsprechung des BAG sei *„die Zulässigkeit von Arbeitskämpfen insgesamt durch die Anwendung zivilrechtlicher Rechtsinstitute zu bestimmen."*

Wer vermag verlässlich einzuschätzen, ob und wann derlei in Erfurt und Karlsruhe einmal verfängt? Im Augenblick sieht es zwar nicht danach aus. Aber man sollte weder übersehen noch unterschätzen, dass es an dieser „Front" eine bei Bedarf jederzeit aktivierbare Kulisse gibt (z.B. durch periodisch in neuer Besetzung verfertigte „Professoren-Entwürfe" zur Einschränkung des Streikrechts, zuletzt in Unternehmen der Daseinsvorsorge[24]). Man denke an Ereignisse und Diskussionen im Kontext mit den Streiks der Lokführer voran das skandalöse Urteil des ArbG Nürnberg vom 8. August 2007, mit dem einer dieser Streiks umstandslos per einstweiliger Verfügung verboten wurde, weil *„durch den Streik nicht nur der Antragstellerin sondern der gesamten Volkswirtschaft insbesondere in der Reisezeit immense wirtschaftliche Schäden (drohen)"*.[25] Dieses (als solches durch Vergleich erledigte) Urteil wurde zwar, so wie eine vergleichbare Entscheidung des ArbG Chemnitz[26] aus dem gleichen Streikkomplex, durch das LAG Sachsen fachlich „in der Luft zerrissen"[27] – es aber eben doch möglich ge-

19 Vgl. *Schubert*, Streik und Verhältnismäßigkeit, in: Klapp u.a. (Hrsg.), Die Sicherung der kollektiven Ordnung, Festschrift für Ingrid Schmidt, 559 ff.

20 Vgl. BGH 14.3.1978 – VI ZR 68/76, NJW 1978, 2031.

21 Seit langem und permanent *Rüthers*, z.B. NZA 2010, 6.

22 *Giesen*, RdA 2022, 58; vgl. auch *Stoffels*, ZfA 2022, 201.

23 *Höpfner/Schneck*, RdA 2022, 131, 132 f.

24 Vgl. *Franzen/Thüsing/Waldhoff*, Arbeitskampf in der Daseinsvorsorge, 2012; *Birk/Konzen/Löwisch/Raiser/Seiter*, Gesetz zur Regelung kollektiver Arbeitskonflikte, 1988.

25 ArbG Nürnberg 8.8.2007 – 13 Ga 65/07, AuR 2007, 320, 321.

26 ArbG Chemnitz 5.10.2007 – 5 Ga 26/07, AuR 2007, 393.

27 LAG Sachsen 2.11.2007 – 7 SaGa 19/07, AuR 2008, 64; zur auch sonst breiten Kritik an diesem Urteil vgl. *Kocher* in: Berg/Kocher/Schumann, Hrsg., Tarifvertragsgesetz und Arbeitskampfrecht, Teil 4 Rn. 157 ff.

worden, ohne der Karriere der verantwortlichen Richterin zu schaden.[28] Für das Langzeit-Projekt einer „Re-Regulierung des Arbeitskampfrechts" wird es immer das nötige Personal geben.

C. Mittelbare Folgen für Arbeitnehmer im geschichtlichen Ablauf

Damit wären wir bei den „mittelbaren Arbeitskampffolgen", wie man sie in erster Linie mit dieser Begrifflichkeit verbindet: den Auswirkungen auf nicht selbst streikende oder ausgesperrte Arbeitnehmer von Unternehmen, die sie wegen Arbeitskampffolgen nicht mehr beschäftigen können. Um sie dreht sich ein nunmehr seit nahezu 100 Jahren währender Arbeits- und Sozialrechtskomplex.

Ausgangspunkt ist die RG-Entscheidung vom 6. Februar 1923 im Kieler Straßenbahn-Fall.[29] Mit ihr wurden Lohnansprüche des „rollenden" Personals, das wegen eines Streiks im Kraftwerk des Straßenbahn-Unternehmens nicht arbeiten konnte, wegen des von ihnen zu tragenden „Betriebsrisikos" verneint. Von der tatsächlichen Seite her weitete sich dieses neue Phänomen bald aus: Alle folgenden publizierten Gerichtsentscheidungen wegen mittelbarer Folgen für andere Arbeitnehmer handelten von Kämpfen um Verbandstarifverträge über die Betriebsgrenzen hinaus und mittelbaren Folgen in anderen Betrieben (durchweg wegen arbeitskampfbedingten Ausbleibens von Energie, vor allem Kohle). Also erweiterte das RG bzw. später das RAG die Argumentation in Richtung einer Haftung für die Handlungen der eigenen Seite; die Rede war nun von einer „Sphären-Theorie".[30]

Parallel zur arbeitsrechtlichen Rechtslage stellte sich mit dem Aufkommen einer staatlichen Regelung von Sozialleistungen im Falle der Arbeitslosigkeit nach dem ersten Weltkrieg die Frage, wie bei Arbeitskampffolgen zu verfahren sei. Sie wurde für die Dauer der Weimarer Republik umfassend mit „Nein" beantwortet, und zwar sowohl für unmittelbar als auch mittelbar Betroffene (zu-

28 Sie ist im Jahre 2019 zur Direktorin des ArbG Nürnberg befördert worden, was der bayerischen Arbeitsministerin ein ausdrückliches belobigendes Statement gegenüber den Medien wert war („Arbeit – Bayern Landesportal", bayern.de). In Bayern ist man in dieser Hinsicht offenkundig auf lange Sicht „interessiert". Ein dortiger Ministerialbeamter hat sich („*nicht in dienstlicher Eigenschaft*", wie er beteuert) Gedanken über "*Einschränkungen des Streikrechts in Betrieben der Daseinsvorsorge*" gemacht und den Entwurf eines „*Streikfolgenentlastungsgesetzes*" vorgelegt (vgl. *Stegmüller*, NZA 2015, 723).

29 RGZ 106, 272; vgl. *Kittner*, 50 Urteile, 45.

30 Vgl. RAG 28.6.1928, Bensheimer Sammlung 3, 116; 23.11.1929, Bensheimer Sammlung 7, 467; vgl. *Kittner*, Arbeitskampf, 449 f.

letzt § 94 AVAVG).[31] Das führte bei den – wenigen – großen Konflikten dazu, dass, da die Gewerkschaften das nicht leisten konnten und wollten, die Betroffenen Unterstützung unmittelbar von der öffentlichen Hand begehrten. Das richtete sich in erster Linie an Städte und Gemeinden, aber auch Länder und das Reich (z.B. im Arbeitskampf mit den meisten unmittelbar wie mittelbar beteiligten Arbeitnehmern in der deutschen Geschichte, den in der Geschichtsschreibung so genannten „Maistreiks" 1924).[32] Strategische oder strukturprägende Bedeutung für das Arbeitskampfgeschehen erlangten „mittelbare Arbeitskampffolgen" in der Weimarer Republik jedoch nicht.

D. Neues Recht in der Bundesrepublik: Arbeitskampfrisiko und § 116 AFG

Daran änderte sich nach 1945 und der Gründung der Bundesrepublik Deutschland (im Westen) zunächst nichts. Das galt auf's Ganze zunächst sowohl für die arbeits- wie die sozialrechtliche Rechtslage: Das BAG führte die „Sphären-Theorie" des RAG zunächst unverändert fort,[33] und das AVAVG von 1957 traf in § 84 eine inhaltlich ähnliche Regelung wie zuvor § 94 AVAVG 1927, wonach mittelbar Betroffene nur in seltenen Ausnahmefällen Leistungen des Arbeitsamtes beziehen konnten. Dazu kam, dass die damaligen Arbeitskämpfe nicht dazu angetan waren, diese Problematik aufzurühren: In den ersten größeren Streiks vor allem der IG Metall in Hessen 1951, Bayern 1954 und Schleswig-Holstein 1956/57 spielten mittelbare Folgen keine Rolle. Das änderte sich erst, als das Arbeitskampfgeschehen der Metallindustrie sich in den Südwesten – konkret das Tarifgebiet Nordwürttemberg/Nordbaden – verlagerte. Nach einem ersten Vorboten im Arbeitskampf 1963 trat das Phänomen der mittelbaren Folgen mit voller Wucht im Jahre 1971 zutage.[34] Aufgrund der sich neu etablierten arbeitsteiligen Produktionsprozesse in der Automobilproduktion („just-in-time") konnten aufgrund des Arbeitskampfes mit etwa 300.000 Streikenden und Ausgesperrten etwa 235.000 Arbeitnehmer außerhalb des umkämpften Tarifgebiets (überwiegend in der Metallindustrie) nicht mehr weiterarbeiten.

Für dieses neue Phänomen galt nun auch ein neues Recht. Das 1969 von der (ersten) Großen Koalition verabschiedete Arbeitsförderungsgesetz sah in § 116

31 Vgl. *Kittner*, Arbeitskampf, 450 f.

32 Es handelte sich in Wahrheit um die Aussperrung von über 500.000 Bergarbeitern mit ebenso viel mittelbar Betroffenen (vgl. *Kittner*, Arbeitskampf, 477 ff.).

33 Vgl. BAG 8.2.1957 – 1 AZR 338/55, BAGE 3, 346; vgl. *Däubler/Ögüt*, Arbeitskampfrecht, § 19 Rn. 79.

34 Zum folgenden eingehend *Kittner*, Arbeitskampf, 704 ff.

Abs. 3 für mittelbar von Arbeitskämpfen betroffene Arbeitnehmer für den Regelfall die Zahlung von Arbeitslosengeld bzw. Kurzarbeitergeld vor. Gleichwohl verweigerte der damalige BfA-Präsident *Stingl* (ein früherer CSU-Politiker) diese Leistungen, wurde aber durch den Verwaltungsrat der Bundesanstalt für Arbeit korrigiert. Das wiederum wurde vom BSG bestätigt, mit einer Leistungsverweigerungen nur in sehr engen Grenzen ermöglichenden Auslegung des § 116 AFG.[35] Die IG Metall sah sich durch diese Kumulierung von Aussperrung und „kalter Aussperrung" (so fortan die gewerkschaftliche Bezeichnung für mittelbare Arbeitseinstellungen) existenziell bedroht und herausgefordert und eröffnete eine auch rechtspolitische Kampagne für ein „Verbot der Aussperrung".[36] Das führte zwangsläufig zu einer Inanspruchnahme der Gerichte.

Die Gelegenheit dazu kam 1978 mit gleichzeitigen Arbeitskämpfen in der Druck- und Metallindustrie vor allem um Rationalisierungsschutz. Beide Gewerkschaften klagten gegen die jeweils verhängten Aussperrungen und wegen der mittelbaren Folgen beider Arbeitskämpfe. Das Resultat war eine berühmte Reihe von Entscheidungen des BAG im Jahre 1980 zur Begrenzung der Aussperrung[37] sowie zu Mitbestimmung und Lohnansprüchen im Falle einer „kalten Aussperrung". Dabei ist für unseren Zusammenhang relevant die Abkehr des BAG von der „Sphärentheorie" zugunsten eines Konzepts des „Arbeitskampfrisikos".[38] Die Argumentation des BAG ging im Kern zurück auf einen im Kieler Straßenbahn-Fall schon ganz kurz angesprochenen Aspekt: den der Risikoverteilung im Arbeitskampf. Maßgebend dafür sei *„der in der Tarifautonomie wurzelnde Grundsatz der Kampfparität, der sich nicht nur auf die Ausgestaltung der Kampfmittel selbst, sondern auch auf das Recht der Leistungsstörungen auswirkt."* Die entscheidende Frage laute, wie die Position der im Kampf befindlichen sozialen Gegenspieler beeinflusst werde. Dafür sei nach *»Interessenverbindungen«* zu fragen. Infrage kämen *„wirtschaftliche Abhängigkeiten (z.B. im Konzern) ebenso wie koalitionspolitische Verbindungen"*. Damit kam das BAG zum entscheidenden Abgrenzungskriterium: *„Der mittelbar betroffene Betrieb gehört zu derselben Branche wie der umstrittene Tarifvertrag"* – mit den gleichen Verbänden auf beiden Seiten. Das hieß für Arbeitskämpfe generell: Die Arbeitgeber trugen kein Lohnrisiko in den durch Tarifverträge definierten Branchengrenzen. Und wo sie es doch taten, konnten sie sich davon durch Einführung von Kurzarbeit befreien. Für die IG Metall, als der in Deutschland einzigen von dieser Problematik wesentlich betroffenen Gewerkschaft, galt: Sie musste

---

35 Vgl. BSG 9.9.1975 – 7 Rar 5/73, BSGE 40/190.

36 Vgl. *Kittner*, AuR 2015, G 5.

37 Vgl. BAG 10.6.1980 – 1 AZR 822/79, BAGE 33, 140; 1 AZR 168/79, BAGE 33, 185; 1 AZR 690/79, BB 1980, 1525; vgl. *Kittner*, 50 Urteile, 297.

38 Vgl. BAG 22.12.1980 – 1 ABR2/79, BAGE 34, 331; vgl. *Kittner*, 50 Urteile, 303.

bei Fernwirkungen innerhalb der Metallindustrie immer mit dem Verlust des Arbeitsentgelts ihrer Mitglieder rechnen; für sie ist mithin die Zahlung von Kurzarbeitergeld durch die Bundesagentur für Arbeit stets existenziell.

Dies kam zum Schwur im Jahre 1984, als es wiederum in Nordwürttemberg/Nordbaden (und dazu in Hessen) zum Arbeitskampf um die 35-Stunden-Woche kam.[39] Der Konflikt war angesichts des Arbeitszeitthemas fundamentaler und die Zahl der Beteiligten und Betroffenen höher als bisher: 63.000 Streikende, 170.000 ausgesperrte und 300.000 mittelbar Betroffene außerhalb der Arbeitskampfgebiete (dazu 58.000 innerhalb). Erneut kam es zu einem Eklat: Der BA-Präsident, *Franke* (so wie *Stingl* ein früherer Unions-Abgeordneter), verweigerte wie sein Vorgänger 1971 entgegen der Rechtslage die Zahlung des Kurzarbeitergeldes. Dieses Mal kam allerdings der politisch anders besetzte Verwaltungsrat nicht zu Hilfe, dafür korrigierten die Gerichte den Präsidenten-Erlass: Zunächst hoben ihn das SG Frankfurt und das Hessische LSG[40] mit einstweiligen Verfügungen auf, und später bestätigte das BSG dies im Hauptsacheverfahren.[41]

Danach änderte die Bundestagsmehrheit von CDU/CSU und FDP unter Bundeskanzler *Helmut Kohl*, betrieben durch den damaligen Arbeitsminister, *Norbert Blüm*, nach heftigen Auseinandersetzungen das Gesetz.[42] Aufgrund des „Gesetzes zur Sicherung der Neutralität der Bundesanstalt für Arbeit in Arbeitskämpfen" vom 15.5.1986[43] wurde – grob gesagt – das Regel-Ausnahme-Verhältnis hinsichtlich Kurzarbeitergeld bei mittelbaren Arbeitskampffolgen erneut umgekehrt: Von nun an sollten derartige Leistungen bei einem für die Metallindustrie typischen Konfliktszenario im Regelfall ausgeschlossen werden. Das zielte direkt und unverhohlen auf die Arbeitskampffähigkeit der IG Metall, für die allein dieses Thema eine praktische Bedeutung in strategischem Maßstab besaß (und besitzt). Wegen der massiven Beeinträchtigung ihrer Kampffähigkeit erhob sie Verfassungsbeschwerde gegen das Änderungsgesetz (daneben klagten auch das Land NRW und die SPD-Bundestagsfraktion).

Das BVerfG[44] ließ sich mit einer Entscheidung viel Zeit und befand nahezu 10 Jahre später: *„Die Regelung beeinträchtigt zwar die Koalitionsfreiheit der Gewerkschaften. Sie wahrt aber die Grenzen, die der Ausgestaltungsbefugnis des Gesetzgebers*

39 Vgl. *Hlava/Kittner*, AuR 2020, G 13.

40 Vgl. HessLSG 22.6.1984 – L 10 Ar 813/84, NZA 1984, 100; vgl. auch die auf Antrag eines Betriebsrats im eV-Verfahren ergangene Entscheidung des LSG Bremen vom 22.6.1984 (L 5 BR 22/84, NZA 1984, 132).

41 Vgl. *BSG* 5.6.1991 – 7 RAr 26/89, BSGE 69, 25.

42 Vgl. *Däubler/Deinert*, Arbeitskampfrecht, § 20 Rn. 117.

43 BGBl. I 740.

44 BVerfG 4.7.1975 – 1 BvF 2/86 u.a., BVerfGE 92, 365; vgl. *Kittner*, 50 Urteile, 314.

dabei von Verfassungs wegen gezogen sind. … Ungeachtet dieser Beeinträchtigungen der Kampffähigkeit der Beschwerdeführerin läßt sich eine verfassungswidrige Störung der Funktionsfähigkeit der Tarifautonomie (noch) nicht feststellen". Sollte jedoch *„die angegriffene Regelung bei künftigen Arbeitskämpfen zu einer solchen Ungleichheit der Kampfstärke der Tarifvertragsparteien führt, daß Verhandlungen auf einer annähernd ausgeglichenen Basis nicht mehr möglich sind. Sollte dies eintreten, wäre der Gesetzgeber aufgefordert, entsprechende Maßnahmen zur Wahrung der Tarifautonomie zu treffen. Solange dies nicht geschieht, bleibt es die Aufgabe der Gerichte, die geltenden Regeln im Lichte des Art. 9 Abs. 3 GG auszulegen und anzuwenden.*" Mit dieser Maßgabe gilt der, inzwischen in § 160 SGB III überführte, „Streikparagraf" seither.[45]

E. Arbeitskampfpraxis seit 1986

Nach der Gesetzesänderung änderte sich von außen gesehen zunächst nichts hinsichtlich der Tarifpolitik in der Metallindustrie. Die IG Metall erhob jeweils nach Ablauf der Tarifverträge neue Forderungen und über diese wurde verhandelt und es gab – mit kurzen Warnstreikphasen – Tarifabschlüsse ohne Streik und Aussperrung – „business as usual", wie es schien. Aber der IG Metall war das zu ihren Lasten erhöhte Risiko natürlich bewusst und so entwickelte sie für den Fall, dass ein Abschluss ohne „richtigen" Streik nicht möglich erschien, ein darauf bezogenes neues Kampfkonzept. Die Notwendigkeit dazu kam im Jahre 1995 in Bayern, wo sie am 24. Februar wegen Lohnforderungen einen Streik nur in Betrieben von Endproduzenten begann, von dem zu erwarten war, dass er jedenfalls eine gewisse Zeit lang nicht zu Fernwirkungen in anderen Betrieben führen würde. Dieser Streik dauerte nicht lange, und nach bereits einer Woche endete er mit einem für die IG Metall günstigen Verhandlungsergebnis.

Das war ein „gefundenes Fressen" für das BVerfG, für das sich die lange Verhandlungsdauer insofern ausgezahlt zu haben schien, als nun sogar schon praktische Erfahrungen mit dem neuen Gesetz vorlagen. Es nutzte diesen Abschluss und die übrigen inzwischen aus Sicht der IG Metall jedenfalls nicht erfolglosen Tarifabschlüsse als Argument für dessen verfassungsrechtliche Unbedenklichkeit: *„Die seit dem Inkrafttreten des Neutralitätsgesetzes in der Metallindustrie geführten Tarifauseinandersetzungen lassen eine so weitgehende Einschränkung der Kampfkraft der Beschwerdeführerin nicht erkennen. Ihre Durchsetzungsfähigkeit erscheint nicht durchgreifend geschwächt. Die Tarifauseinandersetzungen*

45 Vgl. *Däubler/Deinert*, Arbeitskampfrecht, § 20 Rn. 110 ff.

haben ganz überwiegend zu Abschlüssen geführt, ohne daß es zu Arbeitskampfmaßnahmen gekommen ist." Und: „*Insbesondere die Tarifauseinandersetzung des Jahres 1994/95 in Bayern hat gezeigt, daß sie in der Lage ist, auch unter der Geltung der angegriffenen Regelung ihre Positionen gleichgewichtig zu vertreten. ... Das Ergebnis gerade dieses Arbeitskampfes wird allgemein als Erfolg der Gewerkschaft angesehen.*"

Dieser zusammenfassende Befund des BVerfG wird der objektiven Situation aufgrund einer für die Beteiligten während des Prozesses wohl unvermeidbaren Fehlwahrnehmung nicht gerecht. Denn das mit dem „*Erfolg der Gewerkschaft*" stimmte zwar, er resultierte aber nicht aus deren Stärke, sondern aus einer so bei den Metallarbeitgebern noch nie erlebten Fehlerhaftigkeit der Verhandlungsführung: Ihr Verband unterließ es bis nach Streikbeginn, der IG Metall ein Verhandlungsangebot auf ihre Forderungen zu machen! Das führte dazu, dass sie selbst bei ihren notorischen Freunden in den Medien jeglichen Rückhalt verloren und unvermeidlich ihre eigenen Mitglieder desorientierten. Die Folge war, dass ihre Mitgliederversammlung von einer bereits beschlossenen Aussperrung wieder Abstand nahm. Danach konnten sie ihr Heil nur in einem Abschluss suchen, der später von Gesamtmetall mit den stärksten denkbaren Worten bedacht wurde: „*Der Tiefpunkt*" und „*Waterloo*".[46]

Das alles kam in der mündlichen Verhandlung vor dem BVerfG nicht zur Sprache. Zum einen war zu diesem Zeitpunkt das erst viel später von Gesamtmetall öffentlich gemachte Ausmaß der internen Desorientierung bei den bayerischen Metallarbeitgebern jedenfalls in seinem gesamten Ausmaß nicht bekannt. Zum anderen litt der Auftritt der IG Metall vor dem BVerfG darunter, dass hinsichtlich der Vorgänge in Bayern hartnäckig das Gerücht hielt, das so merkwürdige Verhalten der Arbeitgeber habe darauf beruht, dass ihr aus der IG Metall signalisiert worden sei, ein eigenes Angebot sei nicht erforderlich. Dass der für Tarifpolitik zuständige 2. Vorsitzende der IG Metall, *Walter Riester*, das vor Gericht nicht gerne thematisieren mochte, liegt auf der Hand. Wie bedeutsam eine zutreffende Verarbeitung dieses Bayernstreiks für das Verfahren gewesen wäre, zeigen die Erwägungen des Gerichts in Bezug auf mögliche künftige Entwicklungen, die zu einer neuen Bewertung führen könnten: „*Andererseits hat dieser Arbeitskampf auch weitere Risiken für die Funktionsfähigkeit der Tarifautonomie erkennen lassen. Wäre es zu Aussperrungen der Arbeitgeberseite gekommen, so hätten dadurch Beschäftigungsausfälle in anderen Bezirken in einem Umfang auftreten können, der die Kampfkraft der Beschwerdeführerin erheblich geschwächt hätte. Die Beschwerdeführerin trägt dazu vor, daß dies nahezu unvermeidlich gewesen wäre, weil die von ihr nicht bestreikten Betriebe, die allein für eine Aussperrung noch in Betracht gekommen wären, in hohem Maße mit Betrieben der Me-*

46 Vgl. Gesamtmetall (Hrsg.), 125 Jahre Gesamtmetall. Der lange Weg zur Sozialpartnerschaft, Bd. 2 1990–2015, 2015, S. 189 ff.

tallindustrie in anderen Bezirken verflochten seien. Jedenfalls hätten die Arbeitgeber die Möglichkeit gehabt, ihrerseits durch Aussperrungen in ausgewählten Betrieben gezielt Fernwirkungen in anderen Bezirken auszulösen. Die Regelung hätte bei einer solchen Kampfführung der Arbeitgeber in der Tat zu einer Paritätsstörung führen können, wenn man davon ausgeht, daß sie auch in diesem Fall zu einem Ruhen des Kurzarbeitergeldes für die betroffenen Arbeitnehmer geführt hätte." Dies alles blieb hypothetisch. Der Bayernstreik 1995 bleibt damit für Arbeitgeber wie IG Metall aus unterschiedlichen Gründen in unguter Erinnerung. Die Arbeitgeber selbst bezeichnen ihn als „*Wendepunkt in der Geschichte des Verbandes Gesamtmetall und auch in der Geschichte des Flächentarifvertrages.*"[47] Das Verfahren um § 116 AFG wiederum hätte mit seiner zutreffenden Verarbeitung einen ganz anderen Ausgang nehmen können.

Für die IG Metall hieß es jedenfalls, dass sie sich bis auf weiteres darauf einzustellen hatte, dass es bei einem Streik (mit Aussperrung) im Cluster der Automobilproduktion auf eine große Zahl mittelbar betroffener Mitglieder ohne Kurzarbeitergeld (und ohne eigene Arbeitskampfunterstützung) geben könnte – ein gewaltiges Handicap für jede Tarifverhandlung mit nur etwas größerer Arbeitskampfwahrscheinlichkeit. Freilich waren die Umstände über lange Zeit nicht danach: Bis auf ein Intermezzo im Jahre 2002 mit einem sog. Flexi-Streik-Konzept in Baden-Württemberg[48] gaben die folgenden, im Wesentlichen Entgeltfragen geltenden Tarifbewegungen keinen Anlass zu ernsthafteren Arbeitskampferwägungen. Vielmehr endeten sie, begleitet von einer gewissen Warnstreik-Routine, durchweg mit beidseits akzeptablen Verhandlungsergebnissen. Freilich sah sich diese „Routine" innerhalb der IG Metall zunehmend Kritik ausgesetzt, sei es, dass die Zweifel an dem davon auf die Arbeitgeber ausgehenden Druck wuchsen, sei es, dass es letztlich immer dieselben Beschäftigtengruppen waren, die zum Warnstreik aufgerufen wurden.

Das gab den Anstoß zu einer Änderung der Satzung der IG Metall im Jahre 2015 und der Arbeitskampfrichtlinien im Jahre 2017, aufgrund derer ganztägige Warnstreiks mit Streikunterstützung möglich wurden. Praktisch wurde diese Neuerung gleich im Anschluss daran.[49] Ausgangspunkt war eine aus einer breiten Mitgliederbefragung abgeleitete Forderung nach einem Anspruch auf vorübergehende Verkürzung der Wochenarbeitszeit von 35 auf 28 Stunden

---

47 A.a.O., S. 190. In der Tat nahm nach diesem Arbeitskampf die Zahl der Verbandsmitglieder ohne Tarifbindung („OT") massiv zu, mit einem deutlichen Schwerpunkt in Bayern (vgl. *Kittner*, Handlungs- und Konfliktfähigkeit von DMV und IG Metall, in Hofmann/Benner (Hrsg.), Geschichte der IG Metall, 216).

48 Insgesamt 217.000 Arbeitnehmer legten innerhalb einer Woche befristet in täglich wechselnden Betrieben die Arbeit nieder. Der Konflikt konnte im Schatten der umfassenden Einigung über des „Entgeltrahmen-Abkommen (ERA)" letztlich unkompliziert gelöst werde (vgl. *Kittner*, a.a.O., 222 f.).

49 Vgl. *Kittner*, a.a.O., 223 f.

mit teilweisem Lohnausgleich für besonders belastete Arbeitnehmergruppen (Eltern kleiner Kinder, Arbeitnehmer mit pflegebedürftigen Angehörigen und Schichtarbeiter). Dies lehnten die Arbeitgeber in der Tradition ihrer „Tabu“-Politik gegenüber Forderungen zur Arbeitszeit entschieden ab und erklärten Streiks dafür als rechtswidrig, weil das Streikziel eine unzulässige Diskriminierung der schon vorhandenen Teilzeitarbeitnehmer darstelle.[50] Nach einer ersten, zwar kurzen, aber intensiven Warnstreikbewegung herkömmlicher Art (900.000 Warnstreikende in zwei Wochen) erprobte die IG Metall zum ersten Mal das neu beschlossene Streikkonzept. An drei Tagen vom 31. Januar bis zum 2. Februar 2018 streikten etwa 500 000.IG Metall-Mitglieder in 280 Betrieben in allen Metall-Tarifgebieten der Bundesrepublik jeweils für einen Tag. Wegen der damit verbundenen bundesweiten intensiven Mobilisierung wurde diese Aktion allseits als großer Erfolg angesehen. Das galt auch für den Tarifabschluss selbst, mit dem die IG Metall ihre Durchsetzungsfähigkeit gerade auch in arbeitszeitpolitischen Fragen demonstrierte.

F. Wie geht es weiter?

Es ist nicht zu verkennen: Die weiteren 25 Jahre Tarifpraxis in der Metallindustrie seit 1995 haben offenbar das bestätigt, was das BVerfG bereits nach einem Jahrzehnt glaubte ausmachen zu können: Die IG Metall konnte auch ohne Streikdrohung dort, wo dies ökonomisch am wirksamsten gewesen wäre, auf Augenhöhe verhandeln und sogar gegen heftigen Widerstand respektable und von ihren Mitgliedern akzeptierte Ergebnisse erzielen. Damit verblasste der Hoffnungsschimmer hinsichtlich des BVerfG-Vorbehalts, das Gesetz sei (nur) „*noch*“ verfassungsgemäß.[51] Offen und unbeantwortet blieb freilich die Frage,

50 Zwei gegen den Streik angegangene Arbeitsgerichte wiesen Anträge auf einstweilige Verfügungen ab (ArbG Krefeld 31.1.2018 – 1 Ga 1/18; ArbG Nürnberg 31.1.2018 – 5 Ga 24/18). Daneben hatten die Arbeitgeberverbände an insgesamt 14 Arbeitsgerichten Klagen zur Hauptsache auf Schadensersatz gegen die IG Metall eingereicht. Diese Klagen wurden nach Beendigung des Konflikts auf entsprechende Abrede mit der IG Metall hin wieder zurückgenommen (vgl. *Schumann/Wankel*, Ganztägige Warnstreiks. Das neue Element in der Arbeitskampfstrategie der IG Metall, in Hofmann/Schaumburg/Smolenski (Hrsg.), Miteinander für morgen. Für Arbeitszeiten, die zum Leben passen,118 ff.).

51 Vgl. zunächst noch *Kocher u.a.*, Noch verfassungsgemäß? Fernwirkungen bei Arbeitskämpfen in der Automobilindustrie und die Verfassungsmäßigkeit des § 160 Abs. 3 SGB III, HSI-Schriftenreihe Nr. 16, 2017; nun aber *Kocher*, Immer noch verfassungsgemäß – das BVerfG entscheidet indirekt zur kalten Aussperrung, in Deinert *u.a.*, Festschrift für Michael Kittner, 218, 224: „*Die IG Metall hat in der Praxis gezeigt, dass unter diesen Bedingungen § 160 Abs. 3 SGB III immer noch verfassungsgemäß sein dürfte – solange keine größere Bewährungsprobe ansteht.*“

was sie tun könnte, wenn eintägige Warnstreiks wie 2018 nicht ausreichen würden.[52]

Die jetzige Rechtslage beruht auf einer Gesetzesänderung durch die konservativ-liberale Regierung *Kohl/Genscher*. Warum sollte sie nicht durch eine Regierungsmehrheit anderer Couleur wieder zurückgenommen werden können? Das war in der Tat eine sofort nach 1986 ungeachtet des Gangs nach Karlsruhe erhobene und danach einige Jahre lang wiederholte Forderung der Gewerkschaften. Um sie ist es allerdings still geworden. Seit einiger Zeit steht sie nicht einmal mehr in den Forderungskatalogen an die politischen Parteien vor den Bundestagswahlen.[53] Angesichts dessen auf Hilfe aus der Politik zu bauen, möchte man der IG Metall als Option schwerlich raten.

Was bleibt also: Noch einmal die verfassungsrechtliche Karte ziehen? Und wie? Oder sich auf das Unvermeidliche einzustellen und streiken mit einem an Ökonomie und eigener Kampfkraft ausgerichteten Streikkonzept ungeachtet der Risiken aus § 160 Abs. 3 SGB III?

Hinsichtlich einer erneuten verfassungsrechtlichen Thematisierung wird man die Sache viel fundamentaler angehen müssen, und zwar vor allem unter zwei Aspekten:

- Die Entscheidung des BVerfG von 1995 erging noch vor Aufgabe seiner „Kernbereichs"-Rechtsprechung.[54] Damit stand die Möglichkeit der finanziellen Überforderung der IG Metall hinsichtlich einer Alimentierung aller ihrer mittelbar betroffenen Mitglieder allzu sehr im Vordergrund. Für eine verfassungsrechtliche Relevanz muss es vielmehr ausreichen, dass mit dem Gesetz von 1986 ihre Freiheit der Kampfmittelwahl substanziell beeinträchtigt ist.

52 Diesen Vorbehalt macht auch *Kocher* (a.a.O.). Wenn es nach den Arbeitgebern geht, sollen der IG Metall künftig aber auch Ein-Tages-Streiks verwehrt sein. Die bereits für ihre fundamentale Ablehnung des aktuellen BAG-Arbeitskampfrechts genannten, *„auf Anfrage aus der Praxis"* entstandenen Arbeiten von *Stoffels* und *Höpfner* (s.o. Fn. 21 und 22) behaupten deren rechtliche Unzulässigkeit. In dieser Hinsicht scheint der Blick in die Zukunft nicht zu gewagt: Die Situation erinnert an die Zeit nach Ermöglichung von Warnstreiks durch Änderung der Schlichtungs- und Schiedsvereinbarung 1980, als die Arbeitgeber sich für Anträge auf einstweiligen Verfügungen in der Breite rüsteten und die IG Metall Vorsorge durch Hinterlegung von Schutzschriften bei den Gerichten sorgte (vgl. *Kittner*, Handlungs- und Konfliktfähigkeit von DMV und IG Metall, a.a.O., Fn. 46, S. 181). Dass die Arbeitgeber darauf hoffen, gegen künftige Ein-Tages-Streiks mindestens ein Gericht nach dem Vorbild des ArbG Nürnberg im Lokführerstreik 2007 zu finden, dürfte keine zu gewagte Unterstellung sein.

53 Vgl. *Kittner*, Mehr Fortschritt wagen im Arbeitsrecht?, AuR 2022, 1.

54 Vgl. BVerfG 18.11.1954 – 1 BvR 629/52, BVerfGE 4, 96; 14.11.1995 – 1 BvR 601/92, BVerfGE 93, 352 (vgl. *Kittner*, 50 Urteile, 237).

- Von Grund auf neu durchdacht werden muss die Frage der Risikoverteilung, vor allem auch des arbeitsrechtlichen Aspekts. Denn der archimedische Punkt liegt darin, dass alle Fragen von Betriebsrisiko und Kurzarbeitergeld auf einer von den Unternehmen zur Gewinnmaximierung selbst geschaffene Risikolage beruhen. In dieser Hinsicht ist unter vielen Aspekten die Sensibilität hinsichtlich ihrer Verantwortung für die selbstgeschaffenen Liefer- und Wertschöpfungsketten gewachsen.

Jeder Versuch, das Problem nochmals vor Gericht zu bringen, sieht sich allerdings mit der speziellen Tücke dieses Komplexes konfrontiert: Man muss wohl erst einen Arbeitskampf mit den Folgen führen, die man vermeiden möchte. Das nötigt möglicherweise dazu, beide Komplexe zu verknüpfen, z.B. indem sich die IG Metall darauf einrichtet, dass die mittelbar vom Arbeitskampf Betroffenen Unterstützung erhalten in Höhe der für sie sonst als Streikende oder Ausgesperrte satzungsrechtlich vorgesehenen Leistungen. Gleichzeitig wären mögliche Ansprüche an die Bundesagentur für Arbeit an die IG Metall abzutreten, die dann eingeklagt werden müssten (wahrscheinlich bis zum BVerfG).

Literatur

Berg, Berg/Kocher, Eva/Schumann, Dirk (Hrsg.), Tarifvertragsgesetz und Arbeitskampfrecht, 7. Auflage, Frankfurt am Main 2020.

Däubler, Wolfgang (Hrsg.), Arbeitskampfrecht, 4. Auflage, München 2018.

Deinert, Olaf et al., Arbeit, Recht, Politik und Geschichte, Festschrift für Michael Kittner, Frankfurt am Main 2021.

Hofmann, Jörg/Benner, Christiane (Hrsg.), Geschichte der IG Metall, Zur Entwicklung von Autonomie und Gestaltungskraft, Frankfurt am Main 2020.

Hofmann, Jörg/Schaumburg, Stefan/Smolenski, Tanja (Hrsg.), Miteinander für morgen. Für Arbeitszeiten, die zum Leben passen, Bielefeld 2019.

Kissel, Otto Rudolf, Arbeitskampfrecht, München 2002.

Kittner, Michael, „Mehr Fortschritt wagen" – auch im Arbeitsrecht?, AuR 1/2022, 1.

Kittner, Michael, Arbeitskampf: Geschichte, Recht, Gegenwart, 1. Edition, München 2005.

Kittner, Michael, Otto Brenners Arbeitskampfvermächtnis, AuR 3/2015, G 5.

Kittner, Michael/Hlava, Daniel, »Packt Eure Kittel und geht nach Hause« – Erinnerungen an den Arbeitskampf 1984 um die 35-Stunden-Woche, AuR 7–8/2020, G 13.

Klapp, Micha et al. (Hrsg.), Die Sicherung der kollektiven Ordnung, Festschrift für Ingrid Schmidt, München 2021.

Kocher, Eva et al.., Noch verfassungsgemäß? Fernwirkungen bei Arbeitskämpfen in der Automobilindustrie und die Verfassungsmäßigkeit des § 160 Abs. 3 SGB III, HSI-Schriftenreihe Bd. 16, Frankfurt am Main 2017.

Löwisch, Manfred, Arbeitskampf und Vertragserfüllung, AcP 174 (1974) 202–224.

Stegmüller, Martin, Einschränkungen des Streikrechts in Betrieben der Daseinsvorsorge, Varianten einer denkbaren gesetzlichen Normierung, NZA 2015, 723.

Gewerkschaftsrechte heute – in der Unternehmensmitbestimmung auf deutscher und internationaler Ebene

Aktuelle Themen der Unternehmensmitbestimmung in Deutschland und der EU

Dr. Sebastian Sick, Referatsleiter Unternehmensrecht und Corporate Governance, I.M.U.

Mitbestimmung ist weithin anerkannt, aber die Flucht vor der Unternehmensmitbestimmung wächst (ausländische Rechtsformen, Einfrieren bei der SE, Drittelbeteiligungslücke, rechtwidriges Ignorieren etc.). Die Zukunft der Mitbestimmung ist in Gefahr, wenn der Gesetzgeber nicht gegen Mitbestimmungsvermeidung und -ignorierung einschreitet.

Andernfalls bleibt das wesentliche Ziel der Mitbestimmung auf der Strecke, nämlich die Mitentscheidung der Arbeitnehmervertreter im Aufsichtsrat bei strategischen wirtschaftlichen Entscheidungen. Diese Zielrichtung im Blick sind zwei Ebenen für die Wirksamkeit und Relevanz der Mitbestimmung zu betrachten:

- Erstens geht es um den Schutz gegen Erosion. Das heißt, der Erhalt des Anwendungsbereichs der Mitbestimmungsgesetze bzw. dessen Ausweitung steht in Frage. Soll die Mitbestimmung flächendeckend Relevanz behalten und will man weitere Ungleichbehandlungen der Arbeitnehmer verhindern, so gilt es als Grundvoraussetzung bestehende Lücken der Mitbestimmungsgesetze zu schließen und die Schaffung neuer Lücken zu verhindern.
- Zweitens geht es jenseits der reinen Anwendungsvoraussetzungen um die Frage der inhaltlichen Stärke der Unternehmensmitbestimmung. Das reicht weit in gesellschafts- und kapitalmarktrechtliche Strukturdiskussionen hinein. Beispielsweise ist an den Einfluss von Aufsichtsrat und Arbeitsdirektor im gesamten Corporate Governance-Gefüge zu denken – insbesondere angesichts einer erstarkten Rolle von Investoren und Stimmrechtsberatern. Innerhalb des Aufsichtsrats geht es um den Einfluss der Arbeitnehmer auf Entscheidungen z.B. bei Vorstandsbestellungen und -vergütungssystem und bei zustimmungsbedürftigen Geschäften gemäß § 111 Abs. 4 AktG. Dabei ist auch die interne Besetzungsstruktur des Aufsichtsrats mit betrieblichen Arbeitnehmervertretern und externen Gewerkschaftsvertretern stets aufs Neue zu begründen und zu verteidigen, wie es das – erfolgreiche – SAP-Verfahren vor dem EuGH um die Beibehaltung von Gewerkschaftssitzen bei Gründung einer SE durch Umwandlung anschaulich vor Augen führte (s.u.).[1]

1 EuGH 18.10.2022 – C-677/20 – SAP, NJW 2022, 3567, NZA 2022, 1477.

A. Empirischer Befund zur Unternehmensmitbestimmung

Seit der Jahrtausendwende haben sich die Rahmenbedingungen für die Mitbestimmung geändert. Europa hat neue Gestaltungsoptionen für Unternehmen geschaffen und so einen Markt für die Beratung zur Mitbestimmungsvermeidung eröffnet. Die AG und GmbH stehen heute in Konkurrenz zu originär europäischen Kapitalgesellschaften, wie insbesondere der Europäischen Aktiengesellschaft (SE), sowie zu ausländischen Rechtsformen, wie z.B. der B.V. oder ApS. Hinzu kommen aus grenzüberschreitenden Verschmelzungen, Umwandlungen und Spaltungen hervorgegangene Unternehmen. In allen diesen Konstellationen finden die deutschen Mitbestimmungsgesetze keine Anwendung, auch wenn die Zahl der inländischen Beschäftigten die Schwellen von 500 oder 2.000 übersteigt. 2020 fehlte bei mindestens 307 bzw. jedem dritten Unternehmen mit mehr als 2.000 inländischen Beschäftigten der paritätisch besetzte Aufsichtsrat. Das betraf mehr als 2,1 Mio. Beschäftigte.[2] 2020 gab es 62 Unternehmen mit jeweils mehr als 2.000 Inlandsbeschäftigten, die eine ausländische Rechtsform nutzten. Gravierend ist vor allem der Befund zur Europäischen Aktiengesellschaft (SE): Nur jede fünfte SE mit entsprechender Arbeitnehmerzahl verfügte 2020 über einen paritätisch besetzten Aufsichtsrat.[3] 2022 war es nur noch jede sechste SE. Auffällig ist überdies, dass zu den Unternehmen, die sich mit einer dieser Optionen der paritätischen Mitbestimmung entziehen, zunehmend prominente DAX-Unternehmen, wie die Vonovia SE oder die Zalando SE, gehören. Im Zuge der Erweiterung des DAX von 30 auf 40 Mitglieder im Jahr 2021 hatten nur zwei der neuen Unternehmen eine paritätische Mitbestimmung. 2015 war lediglich ein DAX-Unternehmen nicht paritätisch mitbestimmt, heute sind es elf.[4]

Betrachtet man die genannten mindestens 307 Unternehmen genauer, so können mindestens 1,4 Millionen Beschäftigte in mindestens 194 deutschen Unternehmen das Recht auf paritätische Mitbestimmung im Aufsichtsrat nicht ausüben, weil Unternehmen Rechtslücken für eine legale Umgehung ausnutzen. Darüber hinaus ignorieren mindestens 113 Unternehmen mit mehr als 2.000 Inlandsbeschäftigten rechtswidrig die Mitbestimmung. Aktuellste Zahlen der Hans-Böckler-Stiftung belegen: Mehr GmbHs ignorieren rechtwidrig die Mitbestimmung, als dass sie sie anwenden. Je zehn mitbestimmten GmbHs

---

2 Zur gesamten Empirie: *Sick*, Mitbestimmungsreport Nr. 58, 2020, S. 13 ff.

3 *Sick*, Mitbestimmungsreport Nr. 58, 2020, 13 ff.; HaKo-BetrVG/*Sick* SE und grenzüberschreitende Verschmelzung Rn. 4; *Gieseke/Misterek/Sick* (2021), Mitbestimmungsvermeidung in der Europäischen Aktiengesellschaft (SE); Empirie zur SE auch bei *Grüneberg/Hay/Jerchel/Sick*, AuR 7–8/2020, 298.

4 Vgl. *Pietralla/Tomkos* (2021): DAX 30 Aufsichtsratsanalyse 2021 von Russell Reynolds Associates, Ausgewählte Ergebnisse; Vgl. auch *Thannisch*, Audit Committee Quaterly III/2022, 30.

(MitbestG, DrittbG) stehen 16 gesetzeswidrig die Mitbestimmung ignorierende GmbHs gegenüber.[5]

B. Gewerkschaftliche Forderungen zum Schutz der Mitbestimmung

Angesichts dieses gravierenden Befunds einer fortschreitenden Erosion fordern die Gewerkschaften einen Schutz der Mitbestimmung durch den Gesetzgeber. Der Gesetzgeber muss deshalb bestehende Gesetzeslücken schließen[6]:

- Die Drittelbeteiligungslücke ist zu schließen, indem wie im Mitbestimmungsgesetz Inlandsbeschäftigte stets konzernweit gezählt werden (Beispiel Wirecard).
- Die Mitbestimmung ist europarechtskonform auf ausländische Rechtsformen zu erstrecken (Beispiel Tönnies).[7]
- Das dauerhafte „Einfrieren" einer SE auf einem Niveau ohne oder mit geringer Mitbestimmung muss verhindert werden (Beispiel Vonovia). Wächst die Beschäftigtenzahl über die Schwellenwerte von 500 bzw. 2.000 Beschäftigten, muss es die Chance geben, dass Mitbestimmungsrechte entsprechend wachsen.[8]
- In Europa fehlt eine Rahmenrichtlinie mit Mindeststandards zu Unterrichtung, Anhörung und Mitbestimmung, die die europäischen Gewerkschaften und das EU-Parlament fordern.[9]
- Wenn Unternehmen Mitbestimmungsrechte rechtswidrig nicht anwenden (Beispiel Rossmann), muss es effektive Mittel der Durchsetzung des Gesetzes und Sanktionen geben.[10]

---

5 Neueste Empirie bei *Bayer*, Gesetzgeberische Möglichkeiten de lege ferenda zur Verhinderung rechtswidriger Ignorierung der Unternehmensmitbestimmung, AG 2023, 137.

6 Vgl. *Sick*, BB 46/2020, S. I.

7 Siehe überzeugend *Seifert*, Gesetzentwurf zur Erstreckung der Deutschen Mitbestimmung auf Auslandsgesellschaften – Rechtsgutachten für die Hans-Böckler-Stiftung, Mitbestimmungsreport 65 (6/2021).

8 Überzeugend *Krause*, Eindämmung des „Einfriereffekts" bei der Europäischen Gesellschaft (SE) – Rechtliche Zulässigkeit gesetzlicher Maßnahmen bei SE und grenzüberschreitender Verschmelzung, Mitbestimmungsreport 77 (10/2023).

9 Europaweite Schwellenwerte und Mindeststandards nach dem sog. „Escalator-Prinzip", vgl. EGB (2020): ETUC Position on a new EU framework on information, consultation and board-level representation for European company forms and for companies making use of EU company law instruments enabling company mobility; Europäisches Parlament (2021): Entschließung des Europäischen Parlaments vom 16. Dezember 2021 zu Demokratie am Arbeitsplatz (2021/2005(INI)). Zur gewerkschaftlichen Debatte: *Thannisch*, AuR 7–8/2020, 310.

10 *Bayer*, Gesetzgeberische Möglichkeiten de lege ferenda zur Verhinderung rechtswidriger Ignorierung der Unternehmensmitbestimmung, AG 2023, 137.

- Über die aktuellen Kernforderungen hinaus haben die Gewerkschaften den gedanklichen Anspruch einer Mitbestimmung für alle. Eine solche würde rechtsformunabhängig greifen und auch die bislang ausgenommenen Tendenzunternehmen (§ 1 Abs. 4 MitbestG) sowie Stiftungen einbeziehen. Zuzugestehen ist, dass es angesichts des gegebenen Systems eines abschließenden rechtsformbezogenen Anwendungsbereichs aktuell kaum möglich ist, sämtliche Lücken zu schließen, weil die Kreativität bei der Rechtsgestaltung mit Blick auf die Nichtanwendung der Mitbestimmungsgesetze uferlos ist. Wenn aber Konsens über die Sinnhaftigkeit der Unternehmensmitbestimmung besteht und diese für die Zukunft gesichert werden soll, dann sollten zumindest die genannten Lücken im Anwendungsbereich geschlossen werden. Darüber hinaus fordern die Gewerkschaften, dass die Schwellenwerte für die Drittelbeteiligung auf 250 und für das Mitbestimmungsgesetz auf 1.000 inländische Arbeitnehmer im Konzern abgesenkt werden.[11]

C. Bekenntnis des Koalitionsvertrags

Erstmals seit Jahren – und das ist ein nicht zu unterschätzender Erfolg – hat es das Thema der Unternehmensmitbestimmung mit konkreten Zielen 2021 in den Koalitionsvertrag der Ampelregierung im Bund[12] geschafft. Dort heißt es: „Missbräuchliche Umgehung geltenden Mitbestimmungsrechts wollen wir verhindern.“ Und „die Bundesregierung wird sich dafür einsetzen, dass die Unternehmensmitbestimmung weiterentwickelt wird, sodass es nicht mehr zur vollständigen Mitbestimmungsvermeidung beim Zuwachs von SE-Gesellschaften kommen kann (Einfriereffekt).“ Klar ist formuliert, dass die Konzernzurechnung aus dem Mitbestimmungsgesetz auf das Drittelbeteiligungsgesetz übertragen werden soll. Demokratische Mitbestimmung auf europäischer Ebene will die Bundesregierung fördern und wirkungsvoll weiterentwickeln. Und bei der Umsetzung der Umwandlungsrichtlinie sollen nationale Beteiligungsrechte respektiert und gesichert werden. Bis auf die Erstreckung der Mitbestimmung auf ausländische Rechtsformen sind die gewerkschaftlichen Kernforderungen zur Bekämpfung der Mitbestimmungsvermeidung mithin zumindest der Zielrichtung nach aufgegriffen. Angesichts dieses Bekenntnisses darf, auch wenn dies nicht explizit erwähnt ist, erwartet werden, dass auch gegen die rechtswidrige Ignorierung der Mitbestimmungsgesetze vorgegangen wird. Compliance muss eine selbstverständliche Grundbedingung sein.

---

11 Zu den Forderungen des DGB (2022b): Beschluss B004 „Tarifbindung und Mitbestimmung stärken“ des 22. Ordentlichen Bundeskongresses.

12 Mehr Fortschritt wagen, Koalitionsvertrag 2021–2025 zwischen SPD, Bündnis 90/Die Grünen und FDP, S. 72, 134.

Der Koalitionsvertrag benennt allerdings nur den Schutz der Mitbestimmung vor Erosion und das Schließen von Lücken. Das ist eine Grundvoraussetzung für die Sicherung der Mitbestimmung für die Zukunft.

Der Koalitionsvertrag thematisiert dagegen nicht die von Gewerkschaften geforderte inhaltliche Stärkung der Mitbestimmung. Diesbezüglich ist der DGB beispielsweise der Auffassung, dass das Doppelstimmrecht des Aufsichtsratsvorsitzenden nicht mehr zeitgemäß sei. Gerade bei Publikumsgesellschaften mit zunehmend diversifizierter Anlegerschaft, bei denen aufgrund von Fondsstrukturen und Vertretung (Proxy Voting) durch Stimmrechtsberater meist keine natürlichen Personen direkt und aktiv am Unternehmen beteiligt sind, ist eine Neubewertung des Doppelstimmrechts im Lichte von Art. 14 GG bedenkenswert. Alternativvorschläge sehen Schlichtungsverfahren angelehnt an die Pattauflösung im montanmitbestimmten Aufsichtsrat oder bei strategischen Entscheidungen die Zustimmungsnotwendigkeit des Aufsichtsrats mit einem erhöhten Mehrheitsquorum. Darüber hinaus wird gefordert, den Arbeitsdirektor wie in der Montanmitbestimmung nicht gegen die Stimmen der Arbeitnehmervertreter zu bestellen.[13]

D. Mögliche gesetzgeberische Vorhaben[14]

I. Konzernzurechnung im Drittelbeteiligungsgesetz

Ein klar ausformuliertes Vorhaben des Koalitionsvertrags ist die Schließung der sog. Drittelbeteiligungslücke durch die Regelung der Konzernzurechnung, „sofern faktisch eine echte Beherrschung vorliege".[15] Für die Schwelle zur Anwendung des Drittelbeteiligungsgesetzes (500) sollten den herrschenden Konzernunternehmen genauso wie nach § 5 Mitbestimmungsgesetz die Arbeitnehmer der faktisch beherrschten Tochterunternehmen zugerechnet werden. So wäre § 2 Abs. 2 Drittelbeteiligungsgesetz durch eine Formulierung wie in § 5 Abs. 1 und 3 Mitbestimmungsgesetz zu ersetzen. Wichtig ist dabei, dass der faktische Konzern (§ 18 Abs. 1 S. 3, § 17 AktG) ebenso wie der Vertragskonzern erfasst wird und dass die Konzernvermutung aus § 17 AktG wie im MitbestG

13 DGB (2022b): Beschluss B004.

14 Vgl. zum Ganzen: *Sick*, Neues zum Recht der Unternehmensmitbestimmung, AuR 10/2023, 372, 376 ff.; Stellungnahme Deutscher Bundestag, Ausschuss für Arbeit und Soziales, Anhörung 7.11.2022, abrufbar unter (zuletzt abgerufen 2.12.2022): *https://www.bundestag.de/resource/blob/919294/b69b90228de-2f41e95dd3be002ecd39e/Stellungnahme-Sick-data.pdf*; *Wenckebach/Klebe/Sick/Hay*, Stellungnahme Deutscher Bundestag, Ausschuss für Arbeit und Soziales, Anhörung 17.5.2021; *Sick*, BB 46/2020, S. 1.

15 Mehr Fortschritt wagen, Koalitionsvertrag 2021–2025 zwischen SPD, Bündnis 90/Die Grünen und FDP, S. 72.

zur Anwendung kommt, weil eine andere Beweislastverteilung eine praktische Durchsetzung in Frage stellen würde.

Die aktuell lückenhafte Konzernzurechnung im Drittelbeteiligungsgesetz, wonach zum Zählen der Arbeitnehmer von Konzernunternehmen stets ein Beherrschungsvertrag oder eine Eingliederung erforderlich ist, führt dazu, dass Unternehmen selbst dann keinen mitbestimmten Aufsichtsrat haben, wenn sie im Konzern knapp unter 2.000 Arbeitnehmende beschäftigen. Es ist kein sachlicher Grund für die unterschiedliche Zählweise der Arbeitnehmer im Konzern im Mitbestimmungsgesetz und Drittelbeteiligungsgesetz ersichtlich. Diese Inkonsistenz im Drittelbeteiligungsgesetz fördert kritische Desintegrations- und Ausgliederungsstrategien von Unternehmen. Darüber hinaus wirkt diese Lücke im Mitbestimmungssystem in den Unternehmen dauerhaft fort, wenn sie durch SE-Gründung oder grenzüberschreitende Verschmelzung ihre Mitbestimmungsfreiheit für immer „einfrieren", selbst wenn sie nachträglich auf über 2.000 Beschäftigte wachsen.

2016 wurden ca. 600 betroffene Unternehmen gezählt, die aufgrund fehlender Konzernzurechnung keine Drittelbeteiligung hatten.[16] Auch das Skandalunternehmen Wirecard mit konzernweit ca. 5.000 und in Deutschland knapp 2.000 Arbeitnehmer nutzte nach Kündigung von Beherrschungsverträgen die Drittelbeteiligungslücke und hebelte damit eine wesentliche Kontrollebene mit Aufsichtsrat aus. Das Erfordernis eines Beherrschungsvertrags gem. § 2 Abs. 2 Drittelbeteiligungsgesetz passt auch nicht zur heutigen Unternehmenswirklichkeit, weil gerade in der GmbH aufgrund der gegebenen Weisungsbefugnis der Gesellschafter im GmbH-Konzern praktisch kein Bedürfnis für den Abschluss eines solchen Vertrages besteht. Das Bestehen eines Gewinnabführungsvertrages führt allein nicht zur Drittelbeteiligung.[17]

II. Kapitalgesellschaft & Co. KG

Ziel sollte es sein, sämtliche kapitalistisch strukturierten Unternehmen von der Mitbestimmung zu erfassen. Rechtsformspezifische Unterschiede in der Anwendbarkeit der Mitbestimmungsgesetze lassen sich nicht überzeugend begründen – jedenfalls soweit in einer Personengesellschaft keine natürliche Person unbeschränkt haftet. Diese Überlegung trägt sowohl bei der Kapitalgesellschaft & Co. KG als auch bei der kapitalisierten Stiftung. Die Mitbestimmung

16 *Bayer*, NJW 2016, 1933. Neue Empirie bei *Bayer*, Gesetzgeberische Möglichkeiten de lege ferenda zur Verhinderung rechtswidriger Ignorierung der Unternehmensmitbestimmung, AG 2023, 137.

17 Vgl. Zum Ganzen ausführlich *Bayer/Hoffmann* (2022), Wirecard und die fehlende Mitbestimmung der Arbeitnehmer im Aufsichtsrat, S. 361, 388 ff., in: Karami (Hrsg.), Skandalfall Wirecard: Eine wissenschaftlich-fundierte interdisziplinäre Analyse; siehe auch *Sick*, BB 46/2020, S. 1.

in einer Kapitalgesellschaft & Co. KG ist zwar in § 4 Abs. 1 Mitbestimmungsgesetz erfasst, weil sie in besonderer Weise kapitalistisch strukturiert ist und sich in ihrer Substanz letztlich nicht von einer Kapitalgesellschaft unterscheidet. Jedoch ist ihr Anwendungsbereich aufgrund der vorgeschriebenen und leicht vermeidbaren Gesellschafterkongruenz und aufgrund Vermeidungsgestaltungen durch Auslandsgesellschaften & Co. KG so lückenhaft, dass mehr Vermeidungsfälle als Anwendungsfälle der Mitbestimmung existieren. 2015 standen lediglich ca. 20 Anwendungsfälle im MitbestG ca. 60 Vermeidungsfällen in Form von Auslandskapitalgesellschaften & Co. KG (2020 waren es 62) im Bereich der paritätischen Mitbestimmung gegenüber. Um dies zu ändern, müsste § 4 Mitbestimmungsgesetz neu und lückenlos formuliert werden. Zugleich müsste eine entsprechende Regelung in das Drittelbeteiligungsgesetz übertragen werden und dabei auch die Konzernzurechnung der Arbeitnehmer des persönlich haftenden Gesellschafters einer konzernabhängigen KG (§ 5 Abs. 1 S. 2 MitbestG) aufgenommen werden. Dass die Kapitalgesellschaft & Co. KG bislang nicht vom Drittelbeteiligungsgesetz erfasst ist, stellt einen Systembruch dar.

III. SE-Beteiligungsgesetz

Die Mitbestimmung in der Europäischen Aktiengesellschaft (SE) wird zwischen Arbeitnehmervertretern und Unternehmen vor dem Hintergrund einer gesetzlichen Auffanglösung im Falle des Scheiterns der Verhandlungen ausgehandelt. Letztere sichert grundsätzlich nur den Status quo des existierenden Mitbestimmungsniveaus zum Zeitpunkt der SE-Gründung ab. Die SE bietet daher die Möglichkeit des „Einfrierens“ eines mitbestimmungsfreien oder drittelbeteiligten Aufsichtsrats, auch wenn die Arbeitnehmerzahl wächst. Gerade im Zusammenhang mit der lückenhaften Konzernzurechnung in der Drittelbeteiligung führt dies zu Verwerfungen in der Mitbestimmungslandschaft. Fünf von sechs großen SE vermeiden die paritätische Mitbestimmung im Aufsichtsrat. Möglich ist das, weil für die SE das Mitbestimmungsniveau zum Zeitpunkt der Eintragung dauerhaft fort gilt und die nationalen Mitbestimmungsgesetze keine Anwendung mehr finden (Vorher-Nachher-Prinzip).

Zu diskutieren ist, wie Neuverhandlungen an das Überschreiten eines Schwellenwerts der Mitbestimmungsgesetze geknüpft werden können (s.u. zum MgFSG). Hierzu schlägt Krause überzeugend „als dynamisches Element“ eine Konkretisierung des speziellen Missbrauchsverbots im deutschen SE-Recht vor: Demnach soll eine gesetzliche Fiktion oder Vermutung für einen Missbrauch der SE-Rechtsform dann greifen, wenn innerhalb von vier Jahren nach Gründung die Schwellenwerte der Mitbestimmungsgesetze überschritten werden. Auch für Fälle, in denen die Schwellen erst nach einer längeren Zeitspanne überschritten werden, könnte der Gesetzgeber Anhaltspunkte schaffen, bei denen von Missbrauch auszugehen ist. Als Rechtsfolge sollen Neuverhandlungen über die Mitbestimmung im Aufsichtsrat mit einer Auffangregelung vorgesehen werden, die sich an der aktuellen Größe des Unternehmens orientiert.[18]

IV. Mitbestimmungserstreckung auf Auslandskapitalgesellschaften

Eine Erstreckung der Mitbestimmung auf Auslandskapitalgesellschaften mit inländischem Verwaltungssitz ist praktisch machbar und europarechtlich zulässig, soweit sie die Verhältnismäßigkeit wahrt. Die Einschränkung der Niederlassungsfreiheit ist gerechtfertigt, weil die Mitbestimmung wesentlicher Bestandteil des deutschen Arbeitsmarktes und der deutschen Sozialordnung ist.[19] Die ausländischen Rechtsformen (orientiert an Anhang II der SE-Verordnung) wären in den Anwendungskatalog der Rechtsformen der Mitbestimmungsgesetze aufzunehmen. Ein überzeugender Gesetzentwurf zur Erstreckung der deutschen Mitbestimmung auf Auslandsgesellschaften liegt vor.[20]

V. Rechtswidrige Mitbestimmungsignorierung

Um das verbreitete gesetzeswidrige Ignorieren der Mitbestimmung einzudämmen, wäre es erforderlich, Statusverfahren, Offenlegungspflichten sowie Sanktionen zu stärken. Dabei gilt es die Antragsbefugnisse von Gewerkschaften und Arbeitnehmern im gerichtlichen Statusverfahren über die Zusammensetzung des Aufsichtsrats (§§ 98, 99 AktG) zu erweitern, insbesondere im Bereich der Drittelbeteiligung. Auch das Kostenrisiko für die Antragsteller ist zu überdenken. Weiterführend sollten Unternehmen zur Offenlegung verpflichtet werden, ob sie die Mitbestimmungsgesetze anwenden. Die Zunahme von Mitbestimmungsvermeidung und von rechtswidriger Ignorierung sind stets im Gesamtzusammenhang zu betrachten, denn Unternehmen können bei Gegenwehr gegen Ignorierung leicht auf legale Vermeidungsmodelle ausweichen.[21]

---

18 *Krause*, Eindämmung des „Einfriereffekts" bei der Europäischen Gesellschaft (SE) – Rechtliche Zulässigkeit gesetzlicher Maßnahmen bei SE und grenzüberschreitender Verschmelzung, Mitbestimmungsreport 77 (10/2023).

19 So zuletzt EuGH 18.07.2017 – C-566/15 – TUI, NZA 2017, 1000; WKS/*Wißmann*, Vorbemerkungen Rn. 59 m.w.N.; a.A. *Teichmann*, ZIP 2016, 899, der nur eine Verhandlungslösung als verhältnismäßig ansieht.

20 *Seifert*, Gesetzentwurf zur Erstreckung der Deutschen Mitbestimmung auf Auslandsgesellschaften – Rechtsgutachten für die Hans-Böckler-Stiftung, Mitbestimmungsreport Nr. 65, 6/2021; zur Zulässigkeit *Weiss/Seifert*, ZGR 2009, 542; *Sick*, GmbHR 2011, 1196, 1198. Auch *Sick*, Mitbestimmungsreport Nr. 8, 2/2015 und *Sick*, Mitbestimmungsreport Nr. 13, 9/2015.

21 Entsprechende Vorschläge bei *Bayer*, Gesetzgeberische Möglichkeiten de lege ferenda zur Verhinderung rechtswidriger Ignorierung der Unternehmensmitbestimmung, AG 2023, 137. Vgl. *Bayer/Hoffmann*, GmbHR 2016, 909.

E. Aktuelle Neuerungen und Rechtsprechung

I. Umsetzung der Umwandlungsrichtlinie[22]

Das Gesetz der Bundesregierung für ein Gesetz über die Mitbestimmung der Arbeitnehmer bei grenzüberschreitendem Formwechsel und grenzüberschreitender Spaltung (MgFSG)[23] setzt die Regelungen zur Mitbestimmung in Unternehmen bei einem Zuzug von Gesellschaften durch Umwandlung und Spaltung um. Darüber hinaus sind Änderungen im Gesetz über die Mitbestimmung der Arbeitnehmer bei einer grenzüberschreitenden Verschmelzung enthalten. Das MgFSG orientiert sich den europäischen Vorgaben entsprechend der Umwandlungsrichtlinie (UmwRL (EU) 2019/2121) an der Regelung zur Gründung der Europäischen Aktiengesellschaft (SE) im Wege der Umwandlung und sieht insofern unter bestimmten Voraussetzungen ein Verhandlungsverfahren zwischen einem besonderen Verhandlungsgremium und dem Unternehmen vor. Im Zuge der EuGH-Rechtsprechung (insbes. Polbud)[24] zur grenzüberschreitenden Umwandlung war eine EU-Umwandlungsrichtlinie zum Schutz der Stakeholder und Arbeitnehmer und zur Wahrung der Rechtssicherheit erforderlich. Gleichzeitig werden durch die zusätzlichen Möglichkeiten des grenzüberschreitenden Formwechsels bzw. der grenzüberschreitenden Spaltung die Anzahl der Instrumente zur Mitbestimmungsvermeidung noch einmal vergrößert.

Der Schutz der Unternehmensmitbestimmung wird auf zwei Gesetzesentwürfe aufgeteilt.

– Erstens wird das Verhandlungsverfahren zur Mitbestimmung insbesondere bei einem Zuzug von Gesellschaften im MgFSG festgelegt. Geregelt wird insbesondere der Schutz der Unternehmensmitbestimmung bei einem grenzüberschreitenden Formwechsel und bei einer grenzüberschreitenden Spaltung von Kapitalgesellschaften nach Deutschland herein („Herein-Umwandlung“). Hinzu kommen einige im Zuge der EU-Richtlinienumsetzung notwendige Änderungen am Gesetz über die Mitbestimmung der Arbeitnehmer bei einer grenzüberschreitenden Verschmelzung (MgVG).

---

22 Vgl. *Sick*, AuR 3/2023, 372, 373 f.; Stellungnahme Deutscher Bundestag, Ausschuss für Arbeit und Soziales, Anhörung 7.11.2022. Ebenso *Krause*, Stellungnahme Deutscher Bundestag, Ausschuss für Arbeit und Soziales Anhörung 7.11.2022. Überblick zur Umwandlungsrichtlinie: HaKo-BetrVG/*Sick* Rn. 38.

23 BGBl Nr. 10 v. 4.1.2023.

24 EuGH 25.10.2017 – C-106/16 – Polbud, NZG 2017, 1308.

- Für den Fall des Wegzugs durch einen Vorgang aus Deutschland heraus („Heraus-Umwandlung“) sieht ein neues Sechstes Buch im Umwandlungsgesetz (UmwG)[25] einen Missbrauchsschutz vor, der von den Registergerichten zu gewährleisten ist, die für die Erteilung einer sog. Vorabbescheinigung („Wegzugsbescheinigung“) zuständig sind.

Der vom MgFSG vorgesehene Schutz der Mitbestimmung enthält im Vergleich zur SE Fortschritte bei der Sicherung der Mitbestimmung und stellt verschiedene aus der Gründung von SE bekannte Defizite ab. Insbesondere wird erstmals überhaupt die Problematik des „Einfrierens“ adressiert:

1. So setzt die aus der Umwandlungsrichtlinie stammende Verhandlungspflicht bereits ab 4/5 eines nationalen Schwellenwerts des Wegzugstaats ein. Dies ist ein – wenngleich kaum wirksamer – Versuch das Problem zu adressieren. Positiv ist, dass die Neuerung den Missbrauchsgedanken verstärkt. Sie verbessert jedoch den Schutz der Mitbestimmung nicht wesentlich, weil in diesem Fall keine gesetzliche Auffanglösung mit Mitbestimmung existiert.
2. Eine nicht zu vernachlässigende Verbesserung ist jedoch die neu eingeführte Möglichkeit des besonderen Verhandlungsgremiums der Arbeitnehmer durch Abbruch oder Nichtaufnahme der Verhandlungen gem. § 19 MgFSG, die Anwendbarkeit der deutschen Mitbestimmungsgesetze auf die hervorgehende Gesellschaft herbeizuführen. So kann die Arbeitnehmerseite ein gegenüber dem MgFSG bzw. einer am ausländischen Status Quo orientierten Auffanglösung ein höheres deutsches Mitbestimmungsniveau erreichen und ein Einfrieren ohne oder mit schwächerer Mitbestimmung verhindern. Gleichwohl dürfte diese Regelung gerade dann kein Selbstläufer sein, wenn bereits im Ausland Beteiligungsrechte bestanden, selbst wenn diese schwächer sind als diejenigen nach den deutschen Mitbestimmungsgesetzen. Denn ausländische Belegschaftsvertreter hätten nach nationalem Recht keine eigenen Mitwirkungsrechte im Aufsichtsrat und wären vor diesem Hintergrund vom Verhandlungsabbruch zu überzeugen. Bei Anwendung des nationalen Rechts besteht nur ein Anspruch für in Deutschland beschäftigte Arbeitnehmer im Aufsichtsrat vertreten zu sein.[26]
3. Eine weitere wesentliche Neuerung zum Schutz der Mitbestimmung hat der deutsche Gesetzgeber mit § 36 MgFSG (Missbrauchsverbot) eingeführt, der erstmals einen – wenngleich noch unzureichenden – Anklang an ein

25 Eingeführt durch Gesetz zur Umsetzung der Umwandlungsrichtlinie und zur Änderung weiterer Gesetze v. 22.2.2023 (UmRuG), BGBl 2023 I Nr. 51.

26 EuGH 18.7.2017 – C-566/15 – TUI, a.a.O.; *Sick*, Rückenwind für die Mitbestimmung durch den EuGH, WPg 2018, 2/121.

dynamisches Element enthält, das nachträglichen Belegschaftszuwachs berücksichtigt, um präventiver Mitbestimmungsflucht (Einfrieren) zu begegnen. § 1 Abs. 2 MgFSG stellt klar, dass das grenzüberschreitende Vorhaben nicht dazu missbraucht werden darf, Arbeitnehmern Mitbestimmungsrechte zu „entziehen oder vorzuenthalten". Der Begriff „vorenthalten" enthält auch eine zukunftsgerichtete Aussage. Satz 2 stellt klar, dass eine Auslegung des MgFSG so zu erfolgen hat, dass die Mitbestimmung der Arbeitnehmer „gesichert und gefördert wird". Insbesondere soll Missbrauch vorliegen, „wenn innerhalb von vier Jahren ab Wirksamwerden des grenzüberschreitenden Vorhabens strukturelle Änderungen erfolgen, die bewirken, dass ein Schwellenwert der Mitbestimmungsgesetze im Sitzstaat überschritten wird oder sonst Arbeitnehmer Mitbestimmungsrechte vorenthalten oder entzogen werden". Wenngleich der Schutz auf vier Jahre begrenzt bleibt, ist dies ein erster Schritt des Gesetzgebers, die Problematik des Einfrierens eines mitbestimmungsfreien Zustands oder eines niedrigen Mitbestimmungsniveaus anzugehen. Eine Erweiterung und Konkretisierung des Missbrauchsschutzes gegenüber dem zahnlosen § 43 SEBG ist dringend geboten. § 19 MgFSG ermöglicht auch in einem solchen Fall des nachträglichen Belegschaftszuwachses in durch grenzüberschreitende Umwandlung und Spaltung im Inland entstandenen Unternehmen die Möglichkeit eines Verhandlungsabbruchs und so den Wechsel in die deutschen Mitbestimmungsgesetze. Unglücklich erscheint jedoch die Verknüpfung mit strukturellen Änderungen. Freilich wird nicht – auch nicht europarechtlich – determiniert, was eine strukturelle Änderung darstellt. Ziel der SE-Richtlinie und der Umwandlungsrichtlinie ist die Sicherung erworbener Rechte auf Beteiligung der Arbeitnehmenden. Dies gebietet ein extensives Verständnis von strukturellen Änderungen, das über bloße Änderungen von gesellschaftsrechtlichen Strukturen hinaus geht. Insofern wäre entgegen vielfach vertretener Ansicht anzunehmen, dass ein maßgeblicher Arbeitnehmerzuwachs, der sich auf betriebliche Strukturen auswirkt und einen Schwellenwert übersteigt, eine solche strukturelle Änderung darstellt. Ansätze mit entsprechenden Regelungen finden sich auch in den SE-Umsetzungsgesetzen von Österreich, Polen, Frankreich und Belgien. Gerade angesichts der in der Umwandlungsrichtlinie verstärkt zum Ausdruck gebrachten Intension des Schutzes der Mitbestimmung vor Missbrauch erscheint ein verstärkter Missbrauchsschutz europarechtlich möglich.[27]

Allerdings vermag das MgFSG nicht vor einer Mitbestimmungsumgehung bei der Heraus-Umwandlung (Wegzug) einer vormals deutschen Gesellschaft ins

27 Ausführlich dazu und zu Möglichkeiten des deutschen Gesetzgebers de lege ferenda bei der SE siehe *Krause*, Eindämmung des „Einfriereffekts" bei der Europäischen Gesellschaft (SE) – Rechtliche Zulässigkeit gesetzlicher Maßnahmen bei SE und grenzüberschreitender Verschmelzung, Mitbestimmungsreport 77 (10/2023).

EU-Ausland zu schützen. Hier liegt die noch größere Gefahr für eine Flucht *aus* der Mitbestimmung. In diesen Fällen sind die Umsetzungsgesetze der anderen EU-Mitgliedstaaten anwendbar. Den deutschen Registergerichten obliegt bei der Erstellung der sog. Wegzugsbescheinigung lediglich eine Missbrauchskontrolle. Diese ist im UmRUG niedergelegt. Schon aufgrund der für die Arbeitnehmerseite unbefriedigenden Erfahrungen vor den Registergerichten bei Eintragungen von SE ist die nun erfolgte Verschärfung des Missbrauchsschutzes gegenüber dem Regierungsentwurf unabdingbar. So wurden den Registergerichten konkrete nicht abschließende Kriterien für die Missbrauchsprüfung an die Hand gegeben (§§ 316 Abs. 3, 329 Abs. 2, 343 Abs. 3 UmwG), die Anhörungsmöglichkeit der Gewerkschaften ausdrücklich vorgesehen (§ 317, 329 Abs. 2, 344 Nr. 5 UmwG) und die Missbrauchsprüfung aufgrund ihrer Komplexität den Richtern anstelle von Rechtspflegern übertragen (§ 19 Abs. 1 S. 1 Nr. 6 Rechtspflegergesetz).

II. Rechtsprechung

1. EuGH zu Gewerkschaftssitzen bei SE-Umwandlung

Mit Spannung war das Urteil im SAP-Verfahren erwartet worden. Zum ersten Mal hatte der EuGH über eine Rechtsfrage der europäischen Aktiengesellschaft zu urteilen. Das Urteil des Europäischen Gerichtshofs (EuGH)[28] stärkt den Bestandsschutz für die Mitbestimmung der Arbeitnehmer bei der Umwandlung einer AG in eine SE. Die Entscheidung bzw. Art. 4 Abs. 4 der SE-Richtlinie bezieht sich zwar direkt nur auf die SE-Gründung durch Umwandlung und nicht auf andere Gründungsvarianten. Allerdings gilt sie über die Verweisungsvorschriften der Umwandlungsrichtlinie auch für grenzüberschreitende Umwandlungen und Spaltungen. In einer Vorabentscheidung zu einer Vorlage des BAG entschied der EuGH am 18.10.2022, dass bei der Umwandlung einer deutschen paritätisch mitbestimmten AG in eine SE für die von den Gewerkschaften vorgeschlagenen Aufsichtsratskandidaten ein getrennter Wahlgang vorgesehen werden müsse und somit die in der nationalen Mitbestimmung vorgesehenen Sitzgarantie für Gewerkschaften im Aufsichtsrat nicht im Zuge der Umwandlung gestrichen werden darf. Nach Art. 4 Abs. 4 der SE-Richtlinie seien alle prägenden Komponenten der deutschen Unternehmensmitbestimmung, so wie sie sich aus dem nationalen Recht ergeben, zu erhalten. Dies ist von grundlegender Bedeutung für das gesamte System der Mitbestimmung und für die Gewerkschaften in Europa. Der EuGH bestätigt so die Auffassung des BAG[29] zu § 21 Abs. 6 SEBG als europarechtskonform und folgt damit auch der Sicht der antragstellenden Gewerkschaften (IG Metall,

28 EuGH 18.10.2022 – C-677/20 – SAP, NJW 2022, 3567 = NZA 2022, 1477.
29 BAG v. 18.8.2020 – 1 ABR 43/18 (A), NZA 2021, 287.

ver.di).[30] Auch die Bundesregierung, Luxemburg und die EU-Kommission teilten diese Ansicht. In erster und zweiter Instanz hatten die Gewerkschaften noch verloren.

Der EuGH schützt über das reine Besetzungsverhältnis im Aufsichtsrat (Drittelbeteiligung oder Parität) hinaus alle prägenden Elemente der Mitbestimmung. Deren Definition bleibt eine Angelegenheit des nationalen Rechts. Umstritten war bislang, ob die aus § 7 Abs. 2 MitbestG folgende Sitzgarantie für Gewerkschaften im Aufsichtsrat einer AG eine zwingend zu erhaltende „Komponente der Arbeitnehmerbeteiligung" ist. Umstritten war auch, ob der Begriff „alle Komponenten der Arbeitnehmerbeteiligung" in Art. 4 Abs. 4 der SE-Richtlinie und in § 21 Abs. 6 SEBG sich hinsichtlich der Mitbestimmung lediglich auf das Besetzungsverhältnis im Aufsichtsrat oder auch auf alle prägenden Elemente der Mitbestimmung bezieht. Beides hat der EuGH bestätigt. Der EuGH sieht aufgrund der Verschiedenartigkeit der Mitbestimmungssysteme kein einheitliches europäisches Modell der Arbeitnehmerbeteiligung, sondern verweist diesbezüglich vielmehr auf die nationalen Rechtsvorschriften und Gepflogenheiten. Insofern bleibt dem Gesetzgeber ein weiter Spielraum zum Schutz der Mitbestimmung und zur Definition der prägenden Elemente. Diesen Gedanken zur Freiheit des nationalen Gesetzgebers zum Schutz der Mitbestimmung sollte man generell fruchtbar machen, beispielsweise auch bei der Definition struktureller Änderungen oder der Ausgestaltung des Missbrauchsschutzes.

Gleichzeitig dehnt der EuGH den Schutz auf sämtliche Arbeitnehmer in der durch Umwandlung gegründeten Gesellschaft aus. Insofern erweitert er den Schutz und europäisiert die Mitbestimmung. Daraus folge, dass nicht nur den deutschen Gewerkschaften das Vorschlagsrecht vorbehalten sei. Eine europäische Urwahl ist damit allerdings weder zwingend noch praktisch ratsam. Zu denken wäre dagegen an Bestellungen über der SE-Betriebsrat, Wahlvorschläge europäischer Dachverbände der Gewerkschaften oder eine Berücksichtigung der Arbeitnehmerzahlen in den einzelnen Mitgliedstaaten für die Zuweisung von Gewerkschaftssitzen.[31]

In Zukunft wird zu klären sein, was genau unter die prägenden Elemente der Mitbestimmung fällt. Offen gelassen hat der EuGH, ob darunter auch die Aufsichtsratsgröße fällt. Zu denken ist darüber hinaus beispielsweise an das Bestel-

30 Vgl. *Teichmann*, ZIP 2014, 1049; *Teichmann*, ZIP 2021, 105; *Grüneberg/Hay/Jerchel/Sick*, AuR 7–8/2020, 298; *Ulber/Koch*, ZESAR, 233; HaKo-BetrVG/*Sick* Rn. 13; zum gesamten Meinungsstand m.w.N. BAG v. 18.8.2020 – 1 ABR 43/18 (A), NZA 2021, 287 Rn. 28.

31 *Grüneberg/Hay/Sick*, Mitbestimmung in der Europäischen Aktiengesellschaft vor dem EuGH, EuGH v. 18.10.2022 – C-677/20 – SAP, AuR 3/2023, 118.

lungsverfahren für Vorstände, an den stellvertretenden Aufsichtsratsvorsitzenden von Arbeitnehmerseite, an den Arbeitsdirektor und an den Sitz des leitenden Angestellten. Zu klären ist auch, was das Urteil für bestehende Vereinbarungen und für Wahlverfahren bedeutet.[32] Das BAG entschied am 20.3.2023 (1 ABR 43/18), dass die entsprechende Wahlregelung ohne gesondertes Vorschlagsrecht der Gewerkschaften in der SE-Beteiligungsvereinbarung der SAP SE unwirksam sei. Die unternehmensnahe Anwaltschaft beklagt als Folge des EuGH-Urteils einen Verlust an Attraktivität der SE als Rechtsform. Aus Sicht des Mitbestimmungsschutzes wäre das ein positiver Effekt.

2. SE & Co. KG: BAG-Vorlage an den EuGH

Erneut liegt mit dem Olympus-Fall aktuell eine Frage zur Mitbestimmung in der SE beim EuGH. Zunehmend werden SE als arbeitnehmerlose Vorratsgesellschaften als Komplementäre einer SE & Co.KG zur Vermeidung der Mitbestimmung gem. § 4 MitbestG eingesetzt. Weit über 20 Fälle von SE & Co. KG mit mehr als 2.000 Inlandsbeschäftigten sind bekannt. Es stellt sich die Frage, ob und wann der Einsatz der Vorrats-SE eine Aktivierung bzw. wirtschaftliche Neugründung darstellt und ob und wenn ja, wie lange eine solche entweder zur Nachholung von Gründungsverhandlungen über die Mitbestimmung oder zu Neuverhandlungen wegen struktureller Änderung führt.[33] Darüber hinaus ist ungeklärt, unter welchen Bedingungen die Arbeitnehmer der KG der SE zuzurechnen sind und so an etwaigen Verhandlungen zu beteiligen sind. Im Sinne des Mitbestimmungsschutzes wären jedenfalls die Verhandlungspflicht und die Zurechnung der Arbeitnehmer der KG zu bejahen. Das BAG[34] hat dem EuGH im Olympus-Fall vier diesbezügliche offene Fragen zur Vorabentscheidung unterbreitet. Anders als im SAP-Fall formuliert das Gericht offene Fragen und gibt nicht eine bereits mitbestimmungsschützende Interpretation zur Überprüfung. In einem etwas anders gelagerten Fall einer SE & Co. KG hatte das Arbeitsgericht Bamberg (Brose Fahrzeugteile) anders als die nunmehr auf die Rechtsbeschwerde ergangene Entscheidung des LAG Nürnberg[35] bereits ausdrücklich zugunsten der Verhandlungspflicht entschieden.[36] Der Abschluss des Instanzenzugs ist hier jedoch abzuwarten.

32 Vgl. *Nagel*, ZIP 2022, 2374.

33 Vgl. zum Ganzen HaKo-BetrVG/*Sick* SE und grenzüberschreitende Verschmelzung Rn. 8.

34 BAG 17.5.2022 – 1 ABR 37/20 (A).

35 LAG Nürnberg 1.9.2022 1 – TaBV 27/21, NZG 2023, 288. Rechtsbeschwerde anhängig beim BAG – 7 ABR 3/23. Parallelverfahren LAG Nürnberg 1.9.2022 – 3 TaBV 29/11, NZG 2023, 929.

36 ArbG Bamberg 12.8.2021 – 1 BV 14/20 sowie ArbG Bamberg-Kammer Coburg 8.9.2021 – 4 BV 31/20, vgl. HaKo-BetrVG/*Sick* a.a.O.; *Sick* jurisPR-ArbR 17/2022 Anm. 6.

F. Ausblick

Wenn die Unternehmensmitbestimmung ihre Relevanz für unternehmerische Entscheidungen behalten soll, so muss sie vor Erosion umfassend geschützt werden. Dies ist Grundvoraussetzung für die Wahrung der Mitbestimmung. Zugleich wären eine inhaltliche Stärkung und Weiterentwicklung sinnvoll. Auch die Relevanz des Aufsichtsrats im Corporate Governance-Gefüge gilt es aufrecht zu erhalten und gegen das Erstarken von Investoren und anderen Akteuren zu behaupten. Diese Herausforderungen gilt es im nationalen wie im europäischen Recht anzugehen.

Literatur

Bayer, Walter, Gesetzgeberische Möglichkeiten de lege ferenda zur Verhinderung rechtswidriger Ignorierung der Unternehmensmitbestimmung, AG 2023, 137 (Rechtsgutachten im Auftrag der Hans-Böckler-Stiftung).

Bayer, Walter, Die Erosion der deutschen Mitbestimmung, NJW 2016, 1930–1936.

Bayer, Walter/Hoffmann, Thomas, Gesetzeswidrige Mitbestimmungslücken bei der GmbH, GmbHR 17–2015, 909–918.

Bayer, Walter/Hoffmann, Thomas, in Karami (Hrsg.), Skandalfall Wirecard: Eine wissenschaftlich-fundierte interdisziplinäre Analyse, Wirecard und die fehlende Mitbestimmung der Arbeitnehmer im Aufsichtsrat, Heidelberg 2022.

DGB-Bundeskongress, Beschluss B004 „Tarifbindung und Mitbestimmung stärken" des 22. Ordentlichen Bundeskongresses, 2022, abrufbar unter: *https://bundeskongress.dgb.de/antraege/++co++849b2f94-d12f-11ec-b8e3-001a4a160123* (zuletzt abgerufen am 16.3.2023).

Düwell, Franz (Hrsg.), Betriebsverfassungsgesetz Handkommentar, Baden-Baden 2022 (zitiert als HaKo-BetrVG/**Verfasser**).

EGB, ETUC Position on a new EU framework on information, consultation and board-level representation for European company forms and for companies making use of EU company law instruments enabling company mobility, 2020, abrufbar unter: https://www.etuc.org/en/document/etuc-position-new-eu-framework-information-consultation-and-board-level-representation (zuletzt abgerufen am 16.3.2023).

Gieseke, Felix/Misterek, Fokko/Sick, Sebastian, Mitbestimmungsvermeidung in der Europäischen Aktiengesellschaft (SE), 2021, abrufbar unter: *https://www.mitbestimmung.de/html/4-von-5-grossen-se-vermeiden-19608.html* (zuletzt abgerufen am 16.3.2023).

Grüneberg, Jan/Hay, Daniel/Jerchel, Kerstin/Sick, Sebastian, Europäische Aktiengesellschaft (SE): Wie weit reicht der Schutz der Unternehmensmitbestimmung? – Im Fokus: SE-Gründung durch Umwandlung und Gewerkschaftsvertreter im Aufsichtsrat, AuR 7–8/2020, 297–303.

Grüneberg, Jan/Hay, Daniel/Jerchel, Kerstin/Sick, Sebastian, Mitbestimmung in der Europäischen Aktiengesellschaft vor dem EuGH, EuGH v. 18.10.2022 – C-677/20 – SAP, AuR 3/2023, 118.

Krause, Rüdiger, Eindämmung des „Einfriereffekts" bei der Europäischen Gesellschaft (SE) – Rechtliche Zulässigkeit gesetzlicher Maßnahmen bei SE und grenzüberschreitender Verschmelzung, Mitbestimmungsreport 77 (10/2023) der Hans-Böckler-Stiftung.

Krause, Rüdiger, Stellungnahme Deutscher Bundestag, Ausschuss für Arbeit und Soziales Anhörung 7.11.2022, abrufbar unter: *https://www.bundestag.de/resource/blob/919190/40b2d45040ecd589fae08b82 10a86b82/Stellungnahme-Krause-data.pdf* (zuletzt abgerufen am 16.3.2023).

Nagel, Bernhard, Getrenntes Wahlverfahren für Gewerkschaftsvorschläge bei Umwandlung in eine SE, ZIP 2022, 2374–2376.

Pietralla, Jens-Thomas/Tomkos, Thomas: DAX 30 Aufsichtsratsanalyse 2021 von Russell Reynolds Associates, Ausgewählte Ergebnisse, 2021, abrufbar unter: *https://www.dropbox.com/s/zxj9qxs7u4ez39r/ Russell_Reynolds_DAX30_Aufsichtsratsanalyse_2021.pdf?dl=0* (zuletzt abgerufen am 16.3.2023).

Seifert, Achim, Gesetzentwurf zur Erstreckung der Deutschen Mitbestimmung auf Auslandsgesellschaften – Rechtsgutachten für die Hans-Böckler-Stiftung, Mitbestimmungsreport Nr. 65, 2021, abrufbar unter: *https://www.boeckler.de/de/faust-detail.htm?sync_id=HBS-008044* (zuletzt abgerufen am 16.3.2023).

Sick, Sebastian, #Zukunftmitbestimmung – Erosion der Mitbestimmung gefährdet Sozialpartnerschaft, BB 46/2020, 2561.

Sick, Sebastian, Der deutschen Mitbestimmung entzogen: Unternehmen mit ausländischer Rechtsform nehmen zu, Mitbestimmungsreport Nr. 8, 2/2015.

Sick, Sebastian, Mitbestimmungsfeindlicheres Klima, Mitbestimmungsreport Nr. 13, 9/2015.

Sick, Sebastian, Mitbestimmungsreport Nr. 58, 2020, abrufbar unter: *https://www.mitbestimmung.de/ html/erosion-als-herausforderung-fur-die-14188.html* (zuletzt abgerufen am 16.3.2023).

Sick, Sebastian, Neues zum Recht der Unternehmensmitbestimmung, AuR 10/2023, 372–378.

Sick, Sebastian, Rückenwind für die Mitbestimmung durch den EuGH, WPg 2018, 2/12.

Sick, Sebastian, Stellungnahme Deutscher Bundestag, Ausschuss für Arbeit und Soziales, Anhörung 7.11.2022, abrufbar unter: *https://www.bundestag.de/resource/blob/919294/ b69b90228de2f41e95dd3be002ecd39e/Stellungnahme-Sick-data.pdf* (zuletzt abgerufen am 2.12.2022).

Teichmann, Christoph, Mitbestimmungserstreckung auf Auslandsgesellschaften, ZIP 2016, 899–907.

Thannisch, Rainald, Audit Committee Quarterly III/2022, 30, 2022, abrufbar unter: *https://audit-committee-institute.de/media/aci_quarterly_2022_3_Resilienz.pdf* (zuletzt abgerufen am 20.3.2023).

Ulber, Daniel/Koch, Alexander, Bestandsschutz für die Zahl der Gewerkschaftsvertreter im Aufsichtsrat nach § 21 Abs. 6 SEBG, ZESAR 5/2021, 233 ff.

Weiss, Manfred/Seifert, Achim, Der europarechtliche Rahmen für ein „Mitbestimmungserstreckungsgesetz", ZGR 2009, 542–580.

Wenckebach, Johanna/Klebe, Thomas/Sick, Sebastian/Hay, Daniel, Stellungnahme Deutscher Bundestag, Ausschuss für Arbeit und Soziales, Anhörung 17.5.2021, abrufbar unter: *https://www.bundestag. de/resource/blob/841760/3fc3416cc8e6b969c24354d4bf280d3d/19-11-1128-SN-Hans-Boeckler-data.pdf* (zuletzt abgerufen am 16.3.2023).

Wißmann, Hellmut in: Wißmann/Kleinsorge/Schubert (Hrsg.), Mitbestimmungsrecht, 5. Auflage, München 2017 (zit.: WKS/*Bearbeiter*, § Rn.).

Tarifpolitik der Zukunft – rechtlicher Rahmen und Praxis

Streik zur Standortsicherung: ein Test für den Tarifbezug des Arbeitskampfrechts?

Prof. Dr. Daniel Klocke, Johannes Gutenberg-Universität Mainz

Es entspricht der immer noch herrschenden Meinung im Arbeitskampfrecht, dass nur erstreikt werden kann, was auch tariflich regelbar ist.[1] Insbesondere sollen Standortsicherungsgarantien in Tarifverträgen deswegen unzulässig sein.[2] Diese These ist eng mit der Begründung verknüpft, dass die freie Unternehmerentscheidung nicht tarifierbar sei – diese dürfe nicht verhindert werden.[3] Die praktische Bedeutung von Standortsicherungsregelungen ist indes hoch, ihre Erscheinungsformen sind mannigfaltig. Angesichts dessen ist in der jüngeren Literatur eine Meinung im Vordringen, die eine weitreichende Zulässigkeit propagiert.[4] Nicht zuletzt im Lichte von RESC und EMRK könnte sich die Frage in der Tat in einem anderen Licht darstellen.

A. Standortsicherungsklauseln im Tarifvertrag

Standortsicherungsvereinbarungen stellen eine geübte Praxis im Tarifvertragswesen dar.[5] Unternehmerische Prozesse sind dabei sehr komplex. Die Frage, ob und wie ein Standort gesichert werden kann, ist mit schwierigen Vorfragen und Vorbedingungen und der konkreten Problemlage des Betriebs verbunden. Insofern dürfte Einigkeit herrschen, dass es nicht *die* Standortsicherung geben kann. Ebenso gibt es nicht die Standortsicherungsklausel. Vielmehr kann man allenfalls in Klauseltypen denken, die aber oftmals auch nicht mehr als Näherungsversuche sind. Unter dem Begriff werden aktuell insbesondere Regelungen über Beschäftigungsgarantien, den Ausschluss von betriebsbedingten Kündigungen, Standortgarantien und sogar Investitionszusagen dis-

---

1 BAG 26.7.2016 – 1 AZR 160/14, NZA 2016, 1543 (1549); BAG 10.12.2002 – 1 AZR 96/02, NZA 2003, 734 (740).

2 Vgl. *Höfling*, ZfA 2008, 1 (6); ErfK/*Franzen*, § 1 Rn. 74.

3 *Kissel*, Arbeitskampfrecht, § 35 Rn 23; ErfK/Franzen (Fn. 2), § 1 Rn. 74; hierzu: *Roth*, ZIP 2009, 1845 (1847).

4 *Schlachter/Klein*, in: Klein/Klocke/Schlachter, Standort- und Beschäftigungssicherung in Tarifverträgen und Betriebsvereinbarungen, S. 22 ff.; vgl. auch *Münder*, RdA 2020, 340.

5 Hierzu: *Schlachter/Klein*, in: Klein/Klocke/Schlachter (Fn. 4) S. 17; ErfK/Franzen (Fn. 2), § 1 Rn. 74.

kutiert.[6] In aller Regel haben derartige Bestimmungen den Zweck, über das einzelne Arbeitsverhältnis hinaus den Betrieb als sachliches Substrat des Arbeitsverhältnisses in Zukunft zu sichern.

Diese Differenziertheit stellt auch eine Herausforderung für das Streik- und das Tarifrecht dar. Bekannterweise setzt sich ein Tarifvertrag aus einem normativen und einem schuldrechtlichen Teil zusammen. Nicht immer ist klar, welchem Teil des Tarifvertrags derartige Klauseln zugeordnet werden können, was im Ausgangspunkt aber eher eine Frage der Tarifvertragsparteien ist. Bei dieser Frage handelt es sich um eine formale Frage, die nicht zu einer vorschnellen Verkürzung der Tarifautonomie und Art. 9 Abs. 3 GG führen sollte. Insofern steht die Regelbarkeit im Vordergrund der tariflichen Diskussion. Durch das Erfordernis des Tarifbezugs wird diese Frage aber auch unmittelbar für das Streikrecht relevant.

B. Der Tarifbezug in der Rechtsprechung des BAG

Das deutsche Streikrecht ist von der Rechtsprechung tarifvertragsakzessorisch ausgestaltet worden. Danach kann ein Arbeitskampf nur zur Durchsetzung tarifvertraglich regelbarer und friedenspflichtwahrender Ziele geführt werden.[7] Begründet wurde diese Rechtsprechung mit der „Hilfsfunktion" des Arbeitskampfrechts zur Sicherung der aus Art. 9 Abs. 3 GG folgenden Tarifautonomie.[8] Die Vorgabe des Tarifbezugs ist freilich facettenreich. So dient dieses Kriterium etwa einmal dazu, Regelungen nicht erstreikbar zu machen, die nicht in § 1 TVG vorgesehen sind.[9] Des Weiteren erlaubt der Tarifbezug beispielsweise bestehende Tarifverträge vor weitergehenden Forderungen unter Androhung einer Aussperrung oder eines Streiks abzuschirmen. Es besteht vielmehr eine Friedenspflicht.[10]

Diese Perspektive wurde in der Literatur verschiedentlich als zu eng diskutiert.[11] In der Gesetzesbegründung zur Tarifeinheit scheint das TVG jetzt aber auch nicht mehr von einem strengen Erfordernis auszugehen. Aus der Natur

---

6 Vgl. die Auflistung bei *Wolter*, RdA 2002, 218.

7 BAG 26.7.2016 – 1 AZR 160/14, NZA 2016, 1543 (1549); BAG 10.12.2002 – 1 AZR 96/02, NZA 2003, 734 (740).

8 BAG 26.7.2016 – 1 AZR 160/14, NZA 2016, 1543 (1549).

9 BAG 24.4.2007 – 1 AZR 252/06, NZA 2007, 987 (995).

10 BAG 26.7.2016 – 1 AZR 160/14, AP GG Art. 9 Arbeitskampf Nr. 184.

11 Statt vieler: *Däubler*, in: Däubler, Arbeitskampfrecht, S. 258.

der Sache – und in Entsprechung zur Argumentation bei der Friedenspflicht – würde eigentlich ein allein zur Anwendung kommender Tarifvertrag die tarifliche Regelbarkeit für den Betrieb beseitigen. Trotzdem stellt sich § 4a TVG bzw. die Gesetzesbegründung dem Tarifvertrag nicht kategorisch entgegen, sondern löst das Problem arbeitskampfrechtlich über den Verhältnismäßigkeitsgrundsatz.[12]

C. Extensionstendenzen als verdeckte verfassungskonforme Auslegung

Diese offenere Betrachtung deckt sich auch mit der verfassungsrechtlichen Perspektive. Aus dem Blickwinkel des Art. 9 Abs. 3 GG stellt ein Arbeitskampf eine koalitionsspezifische Betätigung i.S.v. Art. 9 Abs. 3 GG dar.[13] Der Tarifbezug begründet vor diesem Hintergrund einige Herausforderungen für die Rechtsprechung.

Erforderlich dafür, dass das Handeln unter Art. 9 Abs. 3 GG fällt, ist ferner, dass die Koalition die Förderung oder Wahrung der Arbeits- und Wirtschaftsbedingungen *bezweckt*. Es genügt somit die Finalität des Handelns. Der Tarifbezug wird in diesem Koordinatensystem zu einem Ausdruck der Finalität des Art. 9 Abs. 3 GG. Insofern ist es gerade diese Finalität, die dazu führt, dass keine kollektive Handlungsfreiheit[14] begründet wird. Die Koalitionen bewegen sich vielmehr im Rahmen ihres Auftrags.

Ist Art. 9 Abs. 3 GG auf die Förderung und Wahrung der Arbeits- und Wirtschaftsbedingungen gerichtet, erlaubt das Grundrecht nach der Rechtsprechung den Koalitionen im Rahmen dieser Zweckausrichtung, frei über die Mittel zu bestimmen.[15] Insofern kommt man nicht umher, eine Verengung wahrzunehmen, wenn das Gericht bei Arbeitskampfmaßnahmen diese zwar als Mittel anerkennt, aber eben den Tarifbezug verlangt. Von der Struktur des Art. 9 Abs. 3 GG müsste die Obersatzbildung eigentlich andersherum verlaufen. Nimmt eine Koalition die Förderung oder Wahrung von Arbeits- und Wirtschaftsbedingungen in den Blick, kann sie in dieser Logik auch den Arbeitskampf als ein Mittel einsetzen, solange im Endergebnis der Arbeitskampf verhältnismäßig ist.

---

12 BT-Drs. 18/4062, 12.

13 BAG 20.11.2018 – 1 AZR 189/17, NZA 2019, 402 (404).

14 Vgl. aber *Thüsing/Waldhoff*, ZfA 2011, 329 (336).

15 BAG 20.11.2018 – 1 AZR 189/17, NZA 2019, 402 (405); kritisch: *Thüsing/Waldhoff*, ZfA 2011, 329 (332).

Verfassungsrechtlich legitimiert sich das anderslautende Vorgehen des BAG nicht. Vielmehr verkürzt das Gericht hier den Schutzbereich aus historisch gewonnenem Richterrecht, das nach der Logik des Gerichts selbst nur den Rang eines einfachen Gesetzes hat.[16] Das Problem ist freilich noch tiefer, weil bis heute Unsicherheit über das korrekte Verständnis des sachlichen Schutzbereichs von Art. 9 Abs. 3 GG herrscht. Populär in der Literatur ist der Ansatz, Arbeits- und Wirtschaftsbedingungen als Perspektive von Arbeitnehmer- und Arbeitgeberseite auf die Arbeitsbedingungen zu bezeichnen.[17] Häufig wird das Begriffspaar auch als Gesamtheit der wirtschaftlichen und sozialen Bedingungen verstanden, unter denen Arbeitnehmer abhängige Arbeit leisten.[18] Das Bundesarbeitsgericht hat das Begriffspaar einmal als Zusammenfassung aller Faktoren bezeichnet, die im Zusammenwirken die Voraussetzungen und Bedingungen abhängiger Arbeit beeinflussen.[19]

Dass diese Definitionen vage bleiben, dürfte außer Frage stehen.[20] Mit der Aufgabe der Kernbereichsformel ist die Rechtsprechung jedoch aufgerufen, den Bereich jenseits der Tarifautonomie auch in diesem Begriffspaar unterzubringen. Die Existenz oder der Erhalt des Betriebs ist daher nicht von vornherein aus dem Schutzbereich des Art. 9 Abs. 3 GG herauszunehmen. Insofern liegt es eigentlich nahe, dass das Gericht auch eine sachliche Schutzbereichsdimension jenseits der Tarifautonomie entwickeln muss.

Aktuell ist aber eher zu beobachten, dass das Gericht versucht, Lösungen auf der Grundlage der Tarifautonomie zu gewinnen. Für Standortsicherungsklauseln begründet diese Rechtsprechung eine Chance: Zwar könnte man argumentieren, wenn ein Betrieb geschlossen wird, gibt es keine Grundlagen mehr für Arbeitsbedingungen. Gleichwohl hat das Gericht Abfindungsregelungen im Rahmen eines Tarifsozialplans – zu Recht – als Beendigungsnormen i.S.v. § 1 Abs. 1 TVG eingeordnet.[21] Das ist deshalb bemerkenswert, weil Abfindungsregelungen durchaus eine Steuerungsfunktion für die unternehmerische Entscheidung haben können.[22] Umso bedeutsamer ist es daher, dass das Gericht den Fokus nicht auf die Schutzbereichsbestimmung gelegt hat, sondern die Schrankeneigenschaft der §§ 111, 112 BetrVG akzentuierte.[23]

---

16 BAG 20.11.2018 – 1 AZR 189/17, NZA 2019, 402 (404).
17 *Hergenröder* in: HWK, Art. 9 Rn. 40.
18 ErfK/*Linsenmaier* (Fn. 2), Art. 9 Rn. 23; Schaub/Treber, § 188 Rn. 21.
19 BAG 28.6.2001 – 6 AZR 114/00, NZA 2002, 331 (334).
20 *Schaub/Treber*, § 188 Rn. 21.
21 BAG 24.4.2007 – 1 AZR 252/06, NZA 2007, 987 (995).
22 So wohl auch: ErfK/*Franzen* (Fn. 2), § 1 Rn. 74.
23 BAG 24.4.2007 – 1 AZR 252/06, AP TVG § 1 Sozialplan Nr. 2.

D. Lösungen auf der Grundlage des Tarifbezugs

Geht man diesen Weg weiter, liegt es in der Tat nahe, zunächst Lösungen zu erwägen, die im Binnensystem der Tarifautonomie liegen.

I. Transformierbarkeit von Individualforderungen auf die kollektive Ebene

Das Merkmal des Tarifbezugs legt offen, dass die Regelbarkeit von Standortsicherung eine Frage der Regelungsmacht der Tarifvertragsparteien ist. Insofern ergibt es Sinn, sich an den zulässigen Regelungsgegenständen zu orientieren. Tariflich regelbar sind jedenfalls solche Ziele, die sich den in § 1 TVG aufgeführten möglichen Gegenständen von Rechtsnormen eines Tarifvertrags zuordnen lassen.[24]

Hiervon ausgehend ließe sich erwägen, die Substituierbarkeit von Regelungsgegenständen und abstrakteren Standortsicherungsklauseln zum Ausgangspunkt für die Regelungsbefugnis zu machen: Ohne Probleme als Beendigungsnorm kann der Ausschluss betriebsbedingter Kündigungen eingeordnet werden; gleiches gilt für ein Zustimmungserfordernis.[25] Ebenso können bestimmte Sachverhalte als Kündigungsgrund exkludiert werden.[26] Von diesen Regelungen ist ein allgemeiner Kündigungsverzicht aus betriebsbedingten Gründen gegenüber einer Gewerkschaft nicht weit entfernt.

Interessanter ist freilich noch, ob nicht etwa eine Standortgarantie Gegenstand einer Inhaltsnorm i.S.v. § 1 TVG sein kann. Die Grenzen dieses Tatbestands sind nicht vollkommen beleuchtet. Klar ist nur, dass das Arbeitsverhältnis nicht verlassen werden kann. So scheidet etwa eine persönliche Haftung des Geschäftsführers aus.[27] Von Teilen der Literatur wird zwar geltend gemacht, dass Regelungen zur Unternehmenspolitik nicht Gegenstand von Inhaltsnormen sein können, jedoch wird dieses Kriterium auf Regelungen entworfen, die außerhalb des Arbeitsverhältnisses liegen.[28] Ausgeschlossen wäre damit etwa die Vergabe von bestimmten Aufträgen.[29] Hiervon unterscheidet sich die Zusage, den Betrieb, in dem der Arbeitnehmer eingesetzt wird, nicht für einen

24 BAG 24.4.2007 – 1 AZR 252/06, NZA 2007, 987 (994).
25 BAG 24.2.2011 – 2 AZR 830/09, NZA 2011, 708.
26 *Schlachter/Klein*, in: Klein/Klocke/Schlachter (Fn. 4) S. 83.
27 BAG 21.11.2006 – 9 AZR 206/06, AP ATG § 8a Nr. 3.
28 MünchArbR/*Klumpp*, § 236 Rn. 51.
29 ErfK/*Franzen* (Fn. 2), § 1 Rn. 74.

bestimmten Zeitraum zu schließen oder zu verlegen, grundsätzlich. Man mag über die Üblichkeit solcher Regelungen streiten können. Sie aber aus dem Interessenkreis eines Arbeitnehmers mit Blick auf die Realisierung des Arbeitsverhältnisses herauszunehmen, will dann auch nicht so recht einleuchten.

II. Standortsicherung als Betriebsnorm

Ein neuer wichtiger Impuls für die Diskussion stammt von *Klein/Schlachter*, die § 3 Abs. 2 TVG stärker für die Diskussion akzentuieren wollen. *Klein/Schlachter* gehen – überzeugend – davon aus, dass zum einen das betriebliche Rechtsverhältnis als Kategorie verzichtbar ist und rücken zum anderen die Organisation des Betriebs in den Mittelpunkt. Konsequenterweise können sie damit begründen, dass Standortfragen auch betriebliche Fragen i.S.v. § 3 Abs. 2 TVG sind.[30]

Das Bundesarbeitsgericht hat 2011 die Frage offengelassen, ob das Unterlassen eines Outsourcings eine Betriebsnorm darstellen kann.[31] Der 4. Senat stand damals vor der Frage, ob eine solche Regelung dem Arbeitnehmerschutz dient oder „rein unternehmerische Fragen" betroffen seien.[32]

Nach dem Konzept der Rechtsprechung betreffen Rechtsnormen eines Tarifvertrages über betriebliche Fragen Regelungsgegenstände, die nur einheitlich gelten können. Ihre Regelung in einem Individualvertrag wäre zwar nicht im naturwissenschaftlichen Sinne unmöglich, sie würde aber wegen „evident sachlogischer Unzweckmäßigkeit ausscheiden", weil eine einheitliche Regelung auf betrieblicher Ebene unerlässlich ist. Mit dem Begriff „betriebliche Fragen" sollen solche Fragen geregelt werden, die unmittelbar die Organisation und Gestaltung des Betriebes, also der Betriebsmittel und der Belegschaft, betreffen.[33] Somit regeln Betriebsnormen nach diesem Konzept das betriebliche Rechtsverhältnis zwischen dem Arbeitgeber und der Belegschaft als Kollektiv, hingegen nicht die Rechtsverhältnisse zwischen Arbeitgeber und einzelnen Arbeitnehmern.

III. Herausforderung für die Rechtsprechung

Selbst wenn man dem Ansatz von *Klein/Schlachter* nicht folgt, muss die Rechtsprechung sich mit der Frage auseinandersetzen, wie sich die Transformierbarkeit individueller Standortgarantien im Arbeitsvertrag mit ihrer Perspektive

30 *Klein/Schlachter*, in: Klein/Klocke/Schlachter, S. 84.
31 BAG 26.1.2011 – 4 AZR 159/09, AP TVG § 3 Betriebsnormen Nr. 7.
32 BAG 26.1.2011 – 4 AZR 159/09, AP TVG § 3 Betriebsnormen Nr. 7 Rn. 25.
33 Auch zu dem vorstehenden: BAG 26.1.2011 – 4 AZR 159/09, AP TVG § 3 Betriebsnormen Nr. 7.

auf § 3 Abs. 2 TVG verträgt, wenn das Gericht die *evident sachlogische Unzweckmäßigkeit für den Arbeitsvertrag* fordert. Hierfür wird man gewiss gute Gründe finden. Dass der Erhalt des Betriebs auch in den kollektiven Interessenkreis der Arbeitnehmer fällt, dürfte sich ebenfalls nicht bestreiten lassen. Auch ein rein unternehmerisch geprägter Sachverhalt liegt nicht vor. Es geht eben nicht um Kundengewinnung oder Auftragsvergabe, sondern um den Erhalt des Kernbereichs der betrieblichen Interessenbündelung. Insofern sprechen gute Gründe dafür, dass auch die Rechtsprechung den Erhalt des Betriebs zu einer betrieblichen Frage machen sollte.

E. Fälle jenseits der Binnenlösung

Dieser Ansatz erklärt, warum das Bundesarbeitsgericht die völkerrechtliche Einwirkung auf das deutsche Streikrecht bislang eher beiseitegeschoben hat. Jedenfalls hat das Gericht die Auswirkungen von Art. 6 Nr. 4 RESC auf das Streikrecht und den Tarifbezug offengelassen.[34] Die Bedeutung der Niederlassungsfreiheit wurde anderenorts ausführlich erörtert.[35]

Art. 6 Nr. 2–4 RESC enthält die zentralen Aussagen über die koalitionsspezifischen Betätigungen im Zusammenhang mit einem Streik. Danach fördern die Mitgliedstaaten freiwillige Verhandlungen zwischen Arbeitgebern, Arbeitgeber- und Arbeitnehmerorganisationen, soweit dies notwendig und zweckmäßig ist, mit dem Ziel, die Beschäftigungsbedingungen durch Gesamtarbeitsverträge zu regeln.

Nach Art. 6 Nr. 4 RESC verpflichten sich die Vertragsparteien, das Recht der Arbeitnehmer und der Arbeitgeber auf kollektive Maßnahmen einschließlich des Streikrechts im Fall von Interessenkonflikten, vorbehaltlich etwaiger Verpflichtungen aus geltenden Gesamtarbeitsverträgen, anzuerkennen. Der Streik wird als Element und Mittel zur Lösung des Interessenkonflikts gesehen. Gleichwohl hat die Bundesrepublik dieses weite Verständnis für sich verengt und auch im Rahmen des völkerrechtlichen Dialogs den Tarifvorbehalt akzentuiert.

Dabei ist mit Art. 6 Nr. 4 RESC kein weitreichender Bruch zu befürchten. Sogar historisch verbürgte Linien des Art. 9 Abs. 3 GG finden ihren Widerhall. So hat das ECSR denn auch betont, dass ein politischer Streik außerhalb des

34 BAG 24.4.2007 – 1 AZR 252/06, NZA 2007, 987 (995).
35 *Klein/Schlachter*, in: Klein/Klocke/Schlachter, S. 135 ff.

Anwendungsbereichs von Art. 6 ESC liegt, weil es eben nicht mehr um das kollektive Aushandeln von Arbeitsbedingungen gehe.[36]

Bereits in seiner ersten *Conclusion* hat das ECSR den Tarifbezug des deutschen Arbeitskampfrechts bzw. das Verbot von Arbeitskämpfen, die nicht auf den Abschluss von Tarifverträgen ausgerichtet sind, als Verstoß gegen Art. 6 Nr. 4 ESC eingeordnet[37] und diese Kritik aufrechterhalten. Auch wenn das ECSR 2014 diese Kritik etwas relativiert hat[38], hat das Komitee 2019 die Kritik erneuert und im Tarifbezug eine erhebliche Beschränkung („excessive restriction") von Art. 6 Abs. 4 RESC erblickt.[39] Nach der RESC ist das Arbeitskampfrecht vielmehr auf den kollektiven Interessenkonflikt ausgerichtet, wobei anzumerken ist, dass es schon verkürzt sein könnte, in den klassischen deutschen Regelungskategorien des Tarifvertrags zu denken.

Das Bundesarbeitsgericht hat die eigene Rechtsprechung bereits 2002 an den Vorgaben der ESC gemessen. Damals ging es um die Friedenspflicht als Einschränkung des Streikrechts.[40] Das Gericht betonte, dass es sich bei der ESC um eine von der Bundesrepublik eingegangene völkerrechtliche Verpflichtung handele, deren Regeln die Gerichte beachten müssen, wenn sie die im Gesetzesrecht bezüglich der Ordnung des Arbeitskampfes bestehenden Lücken anhand von Wertentscheidungen der Verfassung ausfüllen. Wichtig ist es außerdem zu betonen, dass das Gericht auf den Ausschuss unabhängiger Experten abhob, um die Argumentation zu untermauern.

Die Auswirkungen des Art. 6 Nr. 4 hat das Gericht jedoch in letzter Zeit offengelassen.[41] Aktualisiert wurde das Problem dann allerdings durch die Ratifikation der RESC durch die BRD. In Art. 1 des Gesetzes zur Revision der Europäischen Sozialcharta weist die BRD explizit auf einen Vorbehalt zu Art. 6 Nr. 4 hin.[42] Vergleicht man die Vorbehalte im Rahmen des Zustimmungsgesetzes von 1964, erkennt man auch eine bemerkenswerte Zunahme.[43] In der Literatur wird daher auch darauf hingewiesen, dass nach Art. B Nr. 1 RESC dieser Vorbehalt unbeachtlich sei.[44] Danach muss eine Vertragspartei der Europäischen Sozialcharta sich mindestens durch die den Bestimmungen der Europä-

---

36 *https://hudoc.esc.coe.int/eng?i=II/def/DEU/6/4/EN* (Abruf: 12.1.2023).
37 *https://hudoc.esc.coe.int/eng?i=I/def/DEU/6/4/EN* (Abruf: 12.1.2023).
38 *https://hudoc.esc.coe.int/eng?i=XX-3/def/DEU/6/4/EN* (Abruf: 12.1.2023).
39 *https://hudoc.esc.coe.int/eng?i=XXI-3/def/DEU/6/4/EN* (Abruf: 12.1.2023).
40 BAG 10.12.2002 – 1 AZR 96/02, AP GG Art. 9 Arbeitskampf Nr. 162.
41 BAG 24.4.2007 – 1 AZR 252/06, NZA 2007, 987 (995).
42 BGBl. 2020 II Nr. 19 S. 900.
43 BGBl. 1964 II Nr. 43 S. 1261.
44 *Klein/Schlachter*, in: Klein/Klocke/Schlachter, S. 76; *Schubert*, in: Franzen/Gallner/Oetker, Art. 6 RESC Rn. 34 und 41.

ischen Sozialcharta und gegebenenfalls des Zusatzprotokolls entsprechenden Bestimmungen, durch die sie gebunden war, als gebunden betrachten. Insofern lässt sich Art. 6 Nr. 4 RESC insbesondere nicht von ihrem Wortlaut her dahingehend auslegen, dass nur ein tarifakzessorisches Streikrecht in ihr verankert ist.

Im völkerrechtlichen Kontext rückt diese Frage freilich in den Hintergrund. Denn über Art. 11 EMRK besteht noch eine weitere Norm, die ein offeneres Verständnis erforderlich macht. Denn einmal ist sie für die völkerrechtsfreundliche Interpretation des deutschen Rechts von Bedeutung und weiterhin legt der EGMR die Vorgaben der EMRK stets auch im Lichte der anderen völkerrechtlichen Rechtsquellen aus. Der EGMR hat Art. 6 Nr. 4 RESC trotz mangelnder Ratifikation durch die Türkei zur Interpretation von Art. 11 EMRK herangezogen.[45] Im Lichte zunehmender internationaler Harmonisierung[46] des Völkerrechts und Art. 31 WRV erscheint eine streng-formale Trennung ohnehin nicht zukunftsweisend.

F. Fazit

Standortsicherungsvereinbarungen in Tarifverträgen haben eine große soziale Bedeutung. Sowohl für Arbeitnehmer als auch für Arbeitgeber begründen Tarifverträge eine rechtssichere Arbeitsgrundlage für ihre Laufzeit. Es gibt gute Gründe sie zuzulassen. Je stärker die Arbeitnehmer bzw. ihre Arbeitnehmervertreter an den zukunftssichernden Maßnahmen partizipieren, desto stärker werden sie sich auch für die Zukunft des Unternehmens einbringen. Umgekehrt kann ein Arbeitgeber bei entsprechenden Lösungen mit den Arbeitnehmern planen. In Zeiten zunehmenden Fachkräftemangels ist dies ein Punkt für sich, wenn es um die Zukunftsfähigkeit von Unternehmen geht. Letztendlich macht die Kontroverse deutlich, dass bis heute noch kein rechtssicheres Gerüst besteht, um die Grenzen von unternehmerischen Freiheiten und Schutz der Arbeitnehmer rechtssicher in das Arbeitskampfrecht zu überführen. Der Grundsatz der Verhältnismäßigkeit bleibt ohne diese Kontur blass.

45 EGMR 12.11.2008 – 34503/97, NZA 2010, 1425 (1429); hierzu kritisch: *Jacobs/Schmidt*, EuZA 2016, 82 (86).
46 Vgl. etwa: EGMR 8.4.2014 – 31045/10, NJOZ 2015, 1744 (1747).

Literatur

Däubler, Wolfgang (Hrsg.), Arbeitskampfrecht, 4. Auflage, Baden-Baden 2018.

Franzen, Martin/Gallner, Inken/Oetker, Hartmut, Kommentar zum europäischen Arbeitsrecht, 4. Auflage, München 2022.

Henssler, Martin/Willemsen, Heinz Josef/Kalb, Heinz-Jürgen, Arbeitsrecht Kommentar, 10. Auflage, Köln 2022 (zitiert als: *Verfasser* in: HWK, § Rn.).

Höfling, Wolfram, Streikbewehrte Forderungen nach Abschluss von Tarifsozialplänen anlässlich konkreter Standortentscheidungen – Eine verfassungsrechtliche Kritik der arbeitsgerichtlichen Judikatur, ZfA 2008, 1–30.

Kiel, Heinrich/Lunk, Stefan/Oetker, Harmut, Münchener Handbuch zum Arbeitsrecht, 5. Auflage, München 2021 (zitiert als: MünchArbR/*Verfasser*, § Rn.).

Kissel, Otto Rudolf, Arbeitskampfrecht, München 2002.

Klein, Thomas/Klocke, Daniel Matthias/Schlachter, Monika, Standort- und Beschäftigungssicherung in Tarifverträgen und Betriebsvereinbarungen, HSI-Schriftenreihe Bd. 43, Frankfurt am Main 2022.

Müller-Glöge, Rudi/Preis, Ulrich/Schmidt, Ingrid, Erfurter Kommentar zum Arbeitsrecht, 23. Auflage, München 2023 (zitiert als: ErfK/*Verfasser*, § Rn.).

Roth, Markus, Die betriebsbedingte Kündigung zwischen freier Unternehmerentscheidung und Arbeitnehmerschutz, ZIP 2009, 1845–1853.

Schaub, Günther, Arbeitsrechts-Handbuch, 19. Auflage, München 2021.

Thüsing, Gregor/Waldhoff, Christian, Koalitionsfreiheit und Arbeitskampfrecht, ZfA 2011, 329–390.

Wolter, Henner, Standortsicherung, Beschäftigungssicherung, Unternehmensautonomie, Tarifautonomie, RdA 2002, 218–226.

Praxisberichte von Tarifexperten

Die Transformation mit Zukunftstarifverträgen gestalten

Stefan Schaumburg, Leiter des Funktionsbereichs Tarifpolitik beim Vorstand IG Metall

Um die Transformation zu bewältigen und Beschäftigten eine Perspektive für sichere Arbeitsplätze und gute Arbeitsbedingungen zu eröffnen, hat die IG Metall für die Tarifbewegung der Metall- und Elektroindustrie 2021 die Forderung nach Zukunftstarifverträgen gestellt. Unter Zukunftstarifverträgen verstehen wir eine Offensivstrategie zur Bewältigung des digitalen Wandels. Das Instrument der Zukunftstarifverträge stellt eine Weiterentwicklung zum sogenannten Pforzheimer Abkommen aus dem Jahr 2004 da, das von der IG Metall geschlossen wurde, um im Rahmen des Flächentarifvertrags Abweichungen von tariflichen Standards zu ermöglichen.

Im Rahmen von Pforzheim-Regelungen kam es in der Folge zu klassischen Tauschgeschäften: Kündigungsschutz gegen Beiträge der Belegschaften. Pforzheim setzte insofern zu spät ein – nämlich dann, wenn die Liquiditätskrise eines Unternehmens schon präsent war und es nur noch darum ging, Beschäftigung zu sichern, Standorte zu retten und das Unternehmen vor der Pleite zu bewahren. Das Konzept der Zukunftstarifverträge greift schon beim Erkennen einer strategischen Krise des Unternehmens, in der noch ausreichend Ertragskraft des Unternehmens vorhanden ist, um mithilfe staatlicher Transformationsförderung, in Vereinbarungen mit den Betriebsräten durch erweiterte Mitbestimmungsrechte, Zukunft sichernde Investitionen zu tätigen, z.B.

- in nachhaltige Produkte,
- in ökologisch verträgliche Produktionsprozesse,
- in umfassende Qualifizierung für die neuen Anforderungen der Arbeit,
- in Initiativen zur menschengerechten Gestaltung der digitalisierten Arbeit,
- in umfassende Beteiligung der Betroffenen bei neuen Formen der Arbeitsorganisation.

Dafür soll ein tariflicher Rahmen geschaffen werden, der die Zielsetzung beschreibt, mögliche Inhalte beispielhaft fixiert, Mitbestimmungsrechte im Betrieb verankert und die Beteiligung der Belegschaften sichert. In einzelnen Firmen ist es gelungen, bis Ende 2020 Zukunftstarifverträge abzuschließen und damit Beschäftigte und Standorte zu sichern.

Ausgewählte Regelungsbeispiele dieser Zukunftstarifverträge sind

- Beschäftigungs- und Standortsicherung,
- Wege in der Transformation,
- Qualifizierung der Beschäftigten,
- Beiträge der Beschäftigten für Investitionen und Zukunftssicherung,
- erweiterte Mitbestimmungsrechte,
- Mitgliedervorteilsregelungen.

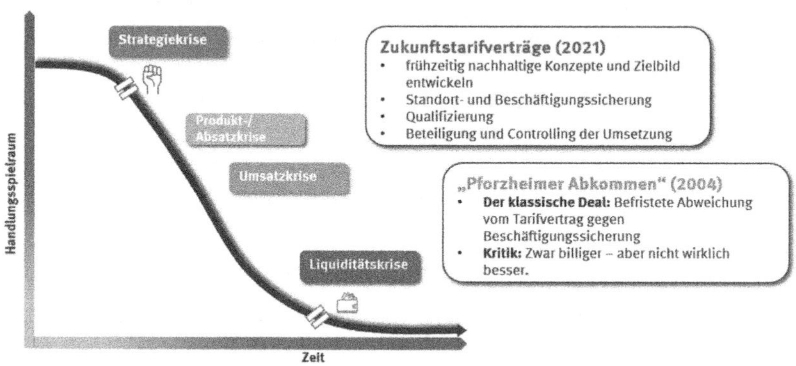

Ausdrücklich nicht aufgenommen sind dabei „klassische" Pforzheim-Fälle, in denen für einen befristeten Zeitraum auf tarifliche Leistungen verzichtet und im Gegenzug Beschäftigung gesichert wird.

Die Gesamtschau macht deutlich, dass es bislang erst in wenigen Pilotvereinbarungen gelungen ist, den Weg durch die Transformation mit verlässlichen Perspektiven durch Tarifverträge zu sichern. Hervorzuheben sind verschiedene Instrumente zur Beteiligung von Betriebsräten, Vertrauensleuten und Beschäftigten sowie Konzepte, wie Weiterbildung gesichert werden kann.

Im Tarifvertrag Transformation aus 2019 für das Unternehmen ATOS/Unify wurden eine erweiterte Mitbestimmung zur Umsetzung eines Umbaus des Unternehmens vereinbart und der Weg durch die Transformation beschrieben. Ein wesentlicher Bestandteil ist, neben dem Ausschluss betriebsbedingter Beendigungskündigungen, eine Qualifizierungsinitiative, durch die bis Ende 2021 ca. 1.000 Beschäftigte qualifiziert werden sollen. Dafür steht ein Volumen von ca. 140 Mio. Euro zur Verfügung.

Im Tarifvertrag werden die Schritte zur Umsetzung des Umbaus geregelt. Danach nimmt der Arbeitgeber eine Personalplanung gem. § 92 BetrVG vor. Die Umgestaltung hin zur neuen Unternehmensstruktur findet durch Versetzungen statt. Entsprechend des Bedarfs trifft das Unternehmen eine Vorauswahl der potenziellen Kandidat*innen und legt das Ziel der Qualifizierung dar. Das Ganze wird in der Steuerungsgruppe des Transformationsbüros beraten und mitbestimmt. Am Ende steht der Abschluss einer verbindlichen Qualifizierungsvereinbarung zwischen Arbeitgeber und dem Beschäftigten, einschließlich einer Jobzusage. Der Tarifvertrag regelt, wann eine Tätigkeit, die mit der Qualifizierung angeboten wird, zumutbar bzw. unzumutbar ist. Beschäftigte dürfen unzumutbare Angebote ablehnen. Der Tarifvertrag verpflichtet sie, bei Zumutbarkeit an vereinbarten Trainingsmaßnahmen teilzunehmen und sieht eine Besitzstandsregelung bei Abgruppierung vor, wenn die Tätigkeit weniger wertig ist als die vorige. Solche Regelungen sind nicht ganz neu, sie finden sich schon in den Rationalisierungsschutzabkommen der 1960er-Jahre.

Der Betriebsrat bestimmt bei personellen Einzelmaßnahmen nach einem tarifvertraglich erweiterten § 99 BetrVG mit, da die Beschränkungen des § 99 Abs. 2 BetrVG nicht gelten und auch vorläufige personelle Maßnahmen gem. § 100 BetrVG ausgeschlossen werden. Das Mitbestimmungsrecht wird auch auf die Qualifizierungsplanung ausgeweitet. Der Tarifvertrag regelt für den Zeitraum der Transformation auch einen Überforderungsschutz für Beschäftigte und Bereiche, die von Qualifizierungsmaßnahmen, Versetzungen und Umbau betroffen sind, der im Streitfalle sogar einigungsstellenfähig ist.

Für die Laufzeit des Tarifvertrages werden eine paritätisch besetzte Steuerungsgruppe und ein Transformationsbüro eingerichtet. Die paritätisch besetzte Steuerungsgruppe gestaltet und steuert den Transformationsprozess. Durch die Arbeitnehmerbank in der Steuerungsgruppe werden die Mitbestimmungsrechte nach dem BetrVG und dem TV ausgeübt. Hierzu sind Delegierungsbeschlüsse der Einzelbetriebsratsgremien erforderlich.

Bei der Fa. Faurecia in Scheuerfeld wurde ein Ergänzungs- und Änderungstarifvertrag zum Zukunfts-/Sozialtarifvertrag 2019 vereinbart. Dieser TV sieht im Rahmen der Beschäftigungssicherung eine Mindestanzahl von 190 eigenen, unbefristeten und aktiven Arbeitnehmer*innen vor.

Die unternehmerische Entscheidung, das Werk zu schließen, wurde revidiert. Auch hier wurde eine erweiterte Mitbestimmung zur Gestaltung der Transformationsperiode und die Qualifizierung als Teil des Transformationsprozesses erreicht.

Durch diesen TV wurde die Freistellung der Vertrauensleute der IG Metall während dieser Transformationsperiode erreicht, damit sie als betriebliche Auskunftspersonen tätig sein können. Meetings der Vertrauensleute finden einmal im Monat während der Arbeitszeit statt. Die Vertrauensleute werden zu den Themen der Transformation in einem fünftägigen Vertrauensleute-Seminar qualifiziert. Während der Transformationsperiode kann die IG Metall darüber hinaus in jedem Quartal eine einstündige Mitgliederversammlung während der Arbeitszeit durchführen, um ihre Mitglieder über den Fortgang des Veränderungsprozesses zu informieren und sie daran zu beteiligen.

Bei der Fa. KS Gleitlager in Papenburg wurde im Transformationstarifvertag die Kernkompetenz am Standort gesichert. Durch den TV wird ein paritätischer Lenkungsausschuss geschafften, der die Umsetzung des Tarifvertrages begleitet. Er stellt damit die Prozesse zur Beschäftigungssicherung und Personalplanung, die Investitionen und die Qualifizierungsmaßnahmen sicher. Darüber hinaus wurde ein Bonus für IG Metall-Mitglieder vereinbart. IG Metall-Mitglieder erhalten unter bestimmten Voraussetzungen eine Stunden-Gutschrift von 10 Stunden/Jahr.

Bei der IAV Ingenieursgesellschaft wurde eine Vereinbarung geschlossen, die beschäftigungssichernde Maßnahmen vorsieht. Eine erweiterte Aufzahlung beim Kurzarbeitergeld, eine Sabbatical-Regelung und ein tarifvertragliches Zeitkonten-Modell wurden vereinbart. Außerdem wurde der Weg durch die Transformation beteiligungsorientiert und gleichberechtigt beschrieben.

Bei Schaeffler Technologies AG wurde schon 2018 ein Zukunftstarifvertrag zur Transformation geschlossen, der einen Innovationsfonds zur Standortsicherung vorsieht. Dieser Fonds wurde mit 50 Mio. Euro ausgestattet. Er soll Innovationsvorhaben der Mitarbeiter*innen fördern mit dem Ziel, nachhaltig Wertschöpfung im Unternehmen zu schaffen, um dadurch die deutschen Standorte zu stärken und die Arbeitsplätze zu sichern. Die Einzelheiten des Vergabeprozesses aus dem Fonds sind mit dem Gesamtbetriebsrat und dem Konzernbetriebsrat vereinbart. Ein paritätisch besetzter Steuerungskreis wacht darüber, dass die Vereinbarung umgesetzt wird, er prüft und berät die Auswirkungen der Strategie und schafft damit rationale Beratungsgrundlagen für Arbeitgeber und Betriebsräte.

Bei der ZF AG gelang es, 2020 einen TV-Transformation zu vereinbaren, der betriebsbedingte Beendigungskündigungen bis zum 31.12.2022 ausschließt und den Bestand aller Werke und Standorte bis Ende 2022 sichert.

Um Kündigungen zu vermeiden, sind mögliche Instrumente zur Kapazitätsanpassung zu nutzen, wie Kurzarbeit bundesweit mit Aufzahlung, Arbeitszeitabsenkung, Wertzeitkonten, tarifliche Kurzarbeit, Tarifvertrag Beschäftigungssicherung, Sabbaticals, Qualifizierungsangebote wie Stipendien, sowie ein Flexi-Tool, das Insourcing von Fremdleistungen vorsieht. Für die einzelnen Standorte werden von Geschäftsleitungen und Betriebsräten bis zum 31.12.2022 ein Zielbild bis mindestens 2025 und eine Perspektive bis 2030 entwickelt.

Einzubeziehen sind zukünftige Produkte und die Auslastung der Standorte, Investitionen, Beschäftigung, Wettbewerbsfähigkeit und Qualifizierung. Kommt keine Einigung zustande, wird der konzernweite Steuerkreis zur Transformation und Beschäftigungssicherung angerufen und hinzugezogen. Dieser Steuerkreis ist paritätisch besetzt. Beim Verkauf von Betrieben/Unternehmensteilen/Tochterunternehmen stellt ZF sicher, dass die Regelungen dieser Vereinbarung von dem neuen Eigentümer übernommen werden.

Die Arbeitgeberverbände wollen die Gestaltung der anstehenden Veränderungen vorrangig den Betrieben überlassen. Sie legen Wert darauf, dass Geschäftsgeheimnisse gewahrt werden und betrachten sich selbst eher als externe Berater und Dienstleister.

Die IG Metall sieht dagegen die Stärkung der Sozialpartner als betriebs- und gesellschaftspolitische Akteure durch die Gestaltungskraft von Tarifverträgen für die sozial-ökologische Transformation als unverzichtbar an, um die Zukunftsfähigkeit von Betrieben sicherzustellen. Dabei ist die Beteiligung der Beschäftigten am Veränderungsprozess unerlässlich.

Beide Seiten legen Wert auf klar geregelte Prozesse, um Planbarkeit und Verlässlichkeit zu gewährleisten. Nach Auffassung der IG Metall sollen über eine tarifliche Rahmenvereinbarung für die Prozesse Spielregeln geschaffen werden, nach denen betriebliche Zukunftstarifverträge zustande kommen.

In ihnen sollen die erforderlichen Maßnahmen, deren Umsetzung und Controlling verabredet werden. Das sind z.B. Investitionen, Beschäftigungssicherung, Personal- und Qualifizierungsbedarfe. Am Ende steht dann für den betreffenden Betrieb ein Vertrag, der von den Tarifvertragsparteien für einen bestimmten Betrieb, unter Beteiligung der Betriebsparteien, abgeschlossen wurde.

In der Tarifbewegung der Metall- und Elektroindustrie wurde folgerichtig ein Zukunftstarifvertrag gefordert und im Pilotbezirk Nordrhein-Westfalen unter dem Titel „Tarifvertrag Zukunft, Wettbewerbsfähigkeit und Beschäftigungssicherung (TV ZWB)“ abgeschlossen. Die Tarifvertragsparteien bekräftigen darin das gemeinsame Ziel, zur Gestaltung der Transformation betriebliche Zukunftstarifverträge zu vereinbaren:

> *Digitalisierung, Energie- und Mobilitätswende können die grundlegende Transformation von Produktions- und Arbeitsweisen notwendig machen. Viele bestehende Tätigkeiten / Arbeitsplätze können sich dadurch verändern oder ganz bzw. teilweise entfallen. Gleichzeitig können neue Tätigkeiten / Arbeitsplätze entstehen.*

Vor diesem Hintergrund ist es das Ziel der Tarifvertragsparteien am Standort Deutschland bestehende Arbeitsplätze zu sichern und neue Arbeitsplätze zu schaffen.

Die Tarifvertragsparteien können dazu firmenbezogene Verbandstarifverträge (Zukunftstarifverträge) gemäß den nachfolgenden Regelungen dieses Rahmentarifvertrages vereinbaren.

In diesen Tarifverträgen können auf Basis der grundlegenden Unternehmensstrategie Maßnahmen zur Realisierung von Innovationen, zur Verbesserung der Wettbewerbsfähigkeit, zur Qualifikation der Beschäftigten und ihrer Weiterbeschäftigung vereinbart werden. (§ 1 TV ZWB)

Ergeben sich aus den Themenbereichen der Digitalisierung und Energie- oder Mobilitätswende besondere Herausforderungen für den Betrieb, gibt es eine Beratungspflicht der Betriebsparteien. Die Hinzuziehung der Tarifvertragsparteien ist möglich. Macht der Betriebsrat zur Vorbereitung dieses Gesprächs eine eigene Bestandsaufnahme und zieht er externen Sachverstand hinzu, hat das für den Arbeitgeber keine Kostenfolge. Besteht Einigkeit über den Regelungsbedarf, treten die Tarifvertragsparteien in Verhandlung über einen betrieblichen Zukunftstarifvertrag ein. In diesen betrieblichen Zukunftstarifverträgen können insbesondere Regelungen getroffen werden zum Zielbild des Unternehmens bzw. Betriebes, zur Qualifizierung, zu Vereinbarungen zum Veränderungsmanagement, zur Standort- und Beschäftigungsentwicklung.

Die Betriebsparteien beraten also zu den Herausforderungen der Transformation. Jede Betriebspartei kann dabei die Tarifvertragspartei hinzuziehen. Die Betriebs- und Tarifvertragsparteien sollen gemeinsam eine Analyse durchführen. Der Prozess kann durch die Erstellung einer Betriebslandkarte oder die Nutzung einer neuen Agentur Transformation unterstützt werden. Gibt es keine Einigung, kann eine Moderation hinzugezogen werden. Diese gibt eine schriftliche Empfehlung über Handlungsbedarf und Maßnahmen ab.

Auf der nächsten Betriebsversammlung ist über Verlauf und Ergebnisse der Gespräche zur Transformation zu berichten.

Zugegebener Weise wurden mit dem Tarifvertrag „Zukunft, Wettbewerbsfähigkeit und Beschäftigungssicherung“ in Nordrhein-Westfalen – der ähnlich in den anderen Tarifgebieten übernommen wurde – nicht alles erreicht, was sich die IG Metall vorgenommen hatte.

Insbesondere die Rolle der Tarifvertragsparteien hätten sich einige deutlich stärker vorstellen können. Die Forderung bezog sich auf einen Zukunftstarifvertrag, im Ergebnis gibt es eine Vereinbarung, die unter Mitarbeit der Tarifvertragsparteien zu Stande kommen kann. Insofern ist die Kritik, dass es sich nur um eine Verfahrensregelung handelt, zum Teil berechtigt, andererseits ist es ein erster Schritt, rechtzeitig mit Unternehmen ins Gespräch zu kommen, um mit Mitteln des Tarifvertrages die Zukunftsfähigkeit sicherzustellen.

Jetzt muss es darum gehen die Bereitschaft der Belegschaften zu wecken und an der Zukunft des Unternehmens mitzuarbeiten – eine Rolle, die neu ist und Ihnen bisher verwehrt wurde. Gleichzeitig muss es darum gehen, Instrumente zu erarbeiten, um mit Mitteln des Tarifvertrags Unternehmen zu zwingen, Zukunftsperspektiven für die Beschäftigten zu entwickeln, d.h. in der Konsequenz auch zu überlegen, welche arbeitskampffreien Forderungen zur Durchsetzung eines Zukunftstarifvertrags gestellt werden können.

Tarifpolitik in der deutschen Fleischwirtschaft und das Arbeitsschutzkontrollgesetz

Beitrag von Freddy Adjan, stellv. Vorsitzender der Gewerkschaft Nahrung-Genuss-Gaststätten (NGG)

A. Einleitung

Mit dem Arbeitsschutzkontrollgesetz (ASKG) für die Fleischwirtschaft und der Erhöhung des gesetzlichen Mindestlohnes auf 12 € haben Bundesregierung und Bundestag aktuell zwei bemerkenswerte Eingriffe in die Arbeitswelt vorgenommen.

Bemerkenswert, weil das ASKG u.a. ein Verbot von Werkverträgen und ein weitgehendes Verbot des Einsatzes von Leiharbeit in einer großen Industriebranche umfasst und damit ein von den Unternehmen der Branche bisher in erheblichem Ausmaß genutztes Wirtschaftsmodell verboten wurde.

Bemerkenswert ist auch die beschlossene Anhebung des gesetzlichen Mindestlohnes auf 12 € zum Oktober 2022, weil die Anhebung hoch ausfällt und es einen Fahrplan für die Erhöhung gab, den die von der Bundesregierung eingesetzte Mindestlohnkommission empfohlen und der Bundestag beschlossen hatte. 10,45 € war der letzte Erhöhungsschritt zum 1. Juli 2022 und bei dieser Höhe hätte es nach den vorherigen Beschlüssen bis zum Jahresende 2022 bleiben sollen. Die außerordentliche Anhebung zum 1. Oktober 2022 um 1,55 € auf 12 € bedeutet eine Erhöhung um knapp 15% (und 22% gegenüber dem Mindestlohn von 9,82 €, der bis Ende Juni 2022 galt) und wird direkt mindestens 6 Millionen Menschen betreffen und indirekt noch weit mehr Menschen, davon die allermeisten in tarifungebundenen Unternehmen (*Bispinck* 2022).

In diesem Beitrag werden diese beiden staatlichen Eingriffe in ihren Auswirkungen auf die Fleischindustrie und das Gastgewerbe diskutiert, zwei Branchen aus dem Zuständigkeitsbereich der Gewerkschaft Nahrung-Genuss-Gaststätten (NGG). Welche Schlüsse lassen sich aus dem Zuschnitt und den ersten Erfahrungen der Umsetzung des ASKG für die Fleischwirtschaft (B.) auch für andere Wirtschaftsbranche ziehen? Und welche tarifpolitischen und gesellschaftlichen Dynamiken und Spielräume hat der Mindestlohn von 12 € (C.) eröffnet und was bedeutet das für die nähere Zukunft?

In einer größeren Fragestellung geht es in diesem Beitrag darum, auszuloten, wie hier das Zusammenspiel von staatlichen Maßnahmen und damit neuen rechtlichen Rahmensetzungen die Handlungsräume für die Sozialparteien der Arbeitswelt schließt oder neue eröffnet. Es ist diese Schnittstelle zwischen gesetzlichen Maßnahmen und Rechtsentscheidungen und den Dynamiken und Akteuren der Arbeitswelt, wie sie sich in Tarifverhandlungen, aber auch den Mitbestimmungswegen von Betriebsräten zeigen, an der das Hugo Sinzheimer Institut seit Jahren seine Forschungen betreibt. Für Gewerkschaftsaktive ist das eine im besten Sinne verstandene Forschung an der Praxis und für die Praxis, dafür gebührt dem HSI ein großer Dank.

B. Eingriff in eine Branche mit gestörten Arbeitsbeziehungen – die deutsche Fleischwirtschaft und das Arbeitsschutzkontrollgesetz

Die aktuellen Entwicklungen zur Re-Regulierung in der deutschen Fleischwirtschaft, die mit dem Beschluss des Gesetzespaketes unter dem Namen Arbeitsschutzkontrollgesetz (ASKG) durch den Deutschen Bundestag kurz vor Jahresende 2020 einen ersten Höhepunkt (aber sicher keinen Endpunkt) gefunden hat, lassen sich nur mit einem kurzen Blick auf die historische Entwicklung der Branche verstehen.

Noch vor rund 30 Jahren zeichnete sich die Fleischwirtschaft mit ihren heute ca. 180.000 Beschäftigten[1] dadurch aus, dass sie kleinteilig und lokal verankert war: nahezu in jedem Landkreis gab es kommunale oder privat geführte Schlachthöfe.

Aber dann gab es eine radikale Veränderung. Das, was man heute das „System Tönnies" nennen kann, hat die Branche umgekrempelt: innerhalb weniger Jahrzehnte wurde durch bewusste unternehmerische Entscheidungen ein neues Geschäftsmodell etabliert, in dem im Kern das, was die Unternehmen ausführen – das Schlachten und Zerlegen von Tieren und die Weiterverarbeitung zu Wurst, Schinken oder Grillware – nicht mehr die Unternehmen selbst, sondern Subunternehmen ausführen[2]. Diese setzten dafür Arbeitskräfte aus Län-

1 Ohne das Fleischerhandwerk mit seinen über 100.000 Beschäftigten, das hier aber nicht behandelt wird, s. *Erol/Schulten* 2020, S. 3.

2 Vgl. zu dieser Entwicklung und weiteren Zwischenschritten ebd.

dern mit deutlich niedrigeren Löhnen ein, hauptsächlich Menschen aus Mittelosteuropa. Das Ziel: mit Dumpinglöhnen und einer Abkehr von tariflich geregelten und im Rahmen der geltenden Gesetze und Verordnungen existierenden Normalarbeitsverhältnissen Kostenvorteile generieren.

Innerhalb weniger Jahrzehnte hat dieses neue Geschäftsmodell sich weitgehend durchgesetzt, an einigen Unternehmensstandorten war die Hälfte der dort arbeitenden Menschen bei Subunternehmern angestellt, in den Kernbereichen der Produktion, z.B. an den Schlacht- und Zerlegebändern, lag diese Quote z.T. bei bis zu 90% Werkvertragsbeschäftigten gegenüber 10% Festangestellten.

Parallel fand ein Konzentrationsprozess in der Branche statt: Kleine Schlachthöfe mussten schließen oder wurden aufgekauft und die auch heute noch großen Player Tönnies, Vion, Westfleisch und Danish Crown wurden marktbeherrschend. Diese vier Konzerne stehen seit Jahren für über 60 % aller Schweineschlachtungen in Deutschland. Die ehemals kleinteilige und kommunal aufgestellte Branche setzte nun auf Massenproduktion[3] und Exportorientierung[4].

I. Das Werkvertragssystem

Das Ziel der Unternehmen, die sich an dem neuen Geschäftsmodell beteiligten: Umsatz- und Gewinnsteigerung durch Exportorientierung und Gewinn von Marktanteilen in Deutschland, über ein Preisdumping. Dieses Preisdumping wurde möglich, weil die Arbeitskosten durch die Werkvertragssystematik und die bewusste Aushebelung von Tariflöhnen gedrückt wurden. In Deutschlands Nachbarländern hat das dazu geführt, dass viele Konzerne ihre Schlachtkapazitäten dort zurückgefahren haben und selbst durch Zukäufe von Schlachthöfen eigene Standorte in Deutschland aufgebaut haben. Das deutsche Billiglohnmodell setzte für Jahrzehnte in ganz Europa die Standards von Löhnen und Arbeitsbedingungen unter Druck.

Dieses Modell der Ausbeutung migrantischer Arbeitskraft war im Rahmen der deutschen und europäischen Gesetzeslage vollkommen legal möglich. Bei allen Wandlungen, die das Geschäftsmodell durchgemacht hat[5], zeigte sich,

---

3 Diese Massenproduktion kann nur verstanden werden, wenn der zeitgleiche Aufstieg der Discounter und Supermarktketten betrachtet wird. Tönnies war der erste, der den Supermarktketten Fleischwaren in beliebiger Menge und zu niedrigen Preisen deutschlandweit anbieten konnte, vgl. *Schulten/Specht* 2021.

4 Zumindest im Bereich der Schlachtung und Zerlegung – die Teilbranche der Weiterverarbeitung des Fleisches zu Wurst, Aufstrich, Pasteten, Schinken usw. weist noch deutlich kleinteiligere Strukturen auf, mit vielen kleinen und mittleren Unternehmen, die z.T. inhabergeführt sind.

5 *Schulten/Specht*, APuZ Nr. 51–52/ 2021, S. 36 f.

dass dies nur Formwandlungen waren, die den inhaltlichen Kern nicht veränderten: Outsourcing *im* Betrieb und damit der Hebel für enorme Lohnkosteneinsparungen.

Dieses Geschäftsmodell aber legte andererseits durch seine Konstruktion die Weichen für eine Umgehung der legalen Rahmenbedingungen der Arbeit, und genau das war damit auch intendiert: Betriebsräte der Stammunternehmen sind nicht für die Werkvertragsbeschäftigten zuständig, undurchsichtige Subunternehmerstrukturen erschweren Zoll und anderen Aufsichtsbehörden eine effektive Kontrolle, Subunternehmen hatten ihren Sitz in Rumänien oder Bulgarien und waren nur schwer oder gar nicht zu belangen – um hier nur einige wenige Beispiele zu nennen.

Das System Tönnies war also beides: Legal basiert, aber in seiner Aufstellung dazu angelegt, massive Umgehungen von Arbeitsrechtsstandards zu ermöglichen – mit Lohnraub und 16-Stunden-Arbeitstagen. Ein Kontrolldruck war für die Unternehmen kaum spürbar, die Verantwortung für Missstände konnte meist auf Subunternehmer abgewälzt werden und wenn es mal Strafen gab, waren diese schnell aus der Portokasse bezahlt.

Die migrantischen Beschäftigten selbst nahmen nur in den seltensten Fällen ihre Rechte wahr – wenn sie diese überhaupt kannten. Wenn Widerspruch gegen 16-Stunden-Schichten, Wohnbedingungen, Entlohnung aufkam, dann sorgten Aggression und Bedrohung durch Vorarbeiter dafür, dass dieser im Keim erstickt wurde. Die Berichte von Unterstützungsgruppen wie Faire Mobilität, Arbeit und Leben, kirchlicher Dienst in der Arbeitswelt, Diakonie und andere sind hier deutlich und zeigen aber auch nur die kleine Spitze eines gigantischen Eisbergs von Missbrauch und Gesetzesverstößen (*Faire Mobilität* 2022).

Alle Versuche der Politik, die Branche durch Gesetze zu regulieren, sind in der Vergangenheit gescheitert. Zunächst hat man den Beteuerungen geglaubt, dass sich diese Branche durch mehrere sogenannte „freiwillige Selbstverpflichtungen" reinwäscht. Aber auch gutgemeinte gesetzliche Maßnahmen, wie das Gesetz zur Sicherung von Arbeitnehmerrechten in der Fleischwirtschaft (kurz GSA Fleisch), haben kaum zu positiven Veränderungen der Lebens- und Arbeitsbedingungen der migrantischen Beschäftigten geführt. Jede kleinste Lücke in diesem Gesetz wurde von den Unternehmensleitungen und ihren findigen Anwälten und Beratern gesucht und ausgenutzt.

II. Und dann kam Corona...

Direkt zu Beginn der Coronapandemie in Deutschland, im Frühjahr 2020, gab es massenhafte Infektionen mit dem Virus unter Beschäftigten von Schlachthöfen, zuerst bei Müller Fleisch, dann folgten schnell weitere Unternehmensstandorte. Der Höhepunkt waren über 1.000 Infizierte, die bei einer Massentestung am Stammsitz von Tönnies in Rheda-Wiedenbrück zu einem vierwöchigen Stillstand der Produktion im größten Schlachthof Europas führten. Die infizierten Beschäftigten wurden in ihren Mietshäusern isoliert, die mit Zäunen umstellt waren. Gespenstische Szenen und für die Menschen kaum erträgliche Zustände.

Aufgrund der hohen Inzidenzen führte dies auch zu einem Komplettlockdown der Landkreise Gütersloh und Warendorf. Damit waren auf einen Schlag nicht mehr nur die Schlachthofarbeiter*innen, sondern auch die umgebende Bevölkerung massiv betroffen. Die öffentliche Diskussion schwenkte schnell auf eine Skandalisierung der Lebens- und Arbeitsbedingungen der Werkvertragsarbeiter*innen – das frühere Nischenwissen über verschimmelte und überbelegte Wohnungen und überlange Arbeitsschichten wurde für einige Wochen zum öffentlich breit geteilten Topthema.

Der Handlungsdruck auf die politischen Akteure in Düsseldorf, bei der Landesregierung von Nordrhein-Westfalen, und in Berlin war ab diesem Zeitpunkt hoch. Da hat es sicherlich auch nicht geschadet, dass der damalige CDU/CSU-Fraktionsvorsitzende im Deutschen Bundestag, Ralph Brinkhaus, im Landkreis Gütersloh sein Wahlkreismandat geholt hat.

Und dann ging alles sehr schnell: Bundesarbeitsminister Hubertus Heil legte im Mai 2020 „Eckpunkte“ vor, die das Kabinett billigte. Darin: ein Verbot von Werkverträgen und Leiharbeit, mehr Kontrollen, Erhöhung von Bußgeldern. Nach einer Verzögerungsschleife im Herbst, in der die Fleischunternehmen über die Fraktionen der CDU/CSU und FDP nochmal eine Abschwächung des vorgesehenen Leiharbeitsverbots erreichten, wurde das Arbeitsschutzkontrollgesetz im Dezember 2020 vom Bundestag beschlossen. Noch vor Jahresende 2020 wurde ein Eilantrag einiger Leiharbeitsfirmen und Fleischunternehmer gegen das Inkrafttreten des ASKG vom Bundesverfassungsgericht abgewiesen.

III. Das Arbeitsschutzkontrollgesetz

Zum 1. Januar 2021 trat das Gesetzespaket in Kraft. Schon seit dem Spätsommer hatten die Unternehmen der Branche fast durchgehend begonnen, die Werkvertragsbeschäftigten direkt anzustellen – dass es ein Verbot des Einsatzes von Werkverträgen geben würde, war den Unternehmensleitungen also ab dem Sommer 2020 klar. So waren zum Jahresbeginn 2021 ca. 30.000 ehemals Werkvertragsbeschäftigte nun direkt angestellt bei Tönnes, Vion, Danish Crown, Westfleisch oder Müller Fleisch: Meist wurden per Betriebsübergang die kompletten Werkvertragsunternehmen übernommen.[6]

Das ASKG sieht eine verpflichtende, elektronische Zeiterfassung vor und Bußgelder bei Verstößen wurden verdoppelt. Drei Monate später, zum 1.4.2021, trat das Verbot der Leiharbeit im Bereich Schlachtung und Zerlegung in Kraft. Im ASKG wurde aber eine Ausnahme vom Verbot der Leiharbeit aufgenommen, die nur für die Teilbranche der Verarbeitung (nicht die Schlachtung) gelten soll. Diese Ausnahme vom Leiharbeitsverbot ist eng gefasst: maximal 8 % des Arbeitszeitvolumens eines Jahres, aber maximal 100 Personen, dürfen mit Leiharbeitnehmer*innen abgedeckt werden. Jede*r Leiharbeiter*in darf dabei nicht länger als vier Monate am Stück eingesetzt werden und es gelten gleiche Bezahlung und gleiche Arbeitsbedingungen ab dem ersten Tag. Der Clou in dieser gesetzlichen Regelung ist aber, dass sie tarifdispositiv gestaltet wurde: Dieser kleine Einsatzbereich für Leiharbeit kann nur dann genutzt werden, wenn ein Tarifvertrag dies explizit zulässt.

Die Unternehmen der Branche stehen untereinander in scharfer Konkurrenz und waren in der Vergangenheit nicht in der Lage, gemeinsame Bündnisse miteinander einzugehen, um z.B. tarifliche Regelungen zu verhandeln. Es existieren keine einheitlichen, tariffähigen Verbandsstrukturen auf der Unternehmensseite. Wollten aber die Verarbeitungsunternehmen nun diese Leiharbeitsregelung aus dem ASKG nutzen, so waren sie gezwungen, in Tarifverhandlungen einzutreten.

Der von der Bundesregierung und dem Bundestag eingebaute „Hebel“ wirkte: Die Gewerkschaft NGG und die Arbeitgeberverbände der Ernährungswirtschaft und einige Fleischunternehmen, die im „Sozialpolitischen Ausschuss für die Fleischwirtschaft“ die Verhandlungsseite der Arbeitgeber darstellte, stimmten gemeinsamen Verhandlungen zu. Diese aber hatten von Beginn an zwei Ziele: Den Abschluss eines Tarifvertrages, der Leiharbeit in dem gesetzlich definierten Rahmen, ausschließlich für die Unternehmen der Fleischverarbeitung, erlaub-

6 Die Subunternehmer sind aber damit nicht aus der Branche verschwunden, sie haben ihre Tätigkeit in der Fleischwirtschaft aber verändert und bieten ihre Dienste an, in der Rekrutierung von immer neuen Beschäftigten in Rumänien, Bulgarien oder Polen, im Transport, der Bereitstellung von Unterkünften, teilweise auch in der Betreuung und Personaleinsatzplanung der ausländischen Beschäftigten. Problematisch ist es, dass auch die oftmals autoritären Vorarbeiterstrukturen komplett mit übernommen wurden. Für die ehemaligen Werkvertragsbeschäftigten änderte sich bei den Betriebsübergängen im Arbeitsalltag somit wenig bis nichts: Es sind dieselben oft autoritären Umgangsformen, ausgeübt durch dieselben Vorarbeiter*innen, die die Arbeit einteilen und wieder entziehen können, die eine Disziplinierung ausüben.

te – das erklärte Ziel der Arbeitgeberseite – und den Abschluss eines bundesweit und für die ganze Branche gültigen Tarifvertrages über Branchenmindestlöhne – das Ziel der Gewerkschaft NGG. Das eine war ohne das andere nicht zu haben, so war es beiden Verhandlungsparteien von Beginn an klar.

Im Frühjahr 2021 starteten die Tarifverhandlungen. Sie gestalteten sich schnell schwierig und konnten von Seiten der Gewerkschaft NGG mit einer in dieser Form und im Ausmaß erstmaligen Mobilisierung auch der migrantischen Beschäftigten, mit Aktionen und Streiks, dann doch in wenigen Monaten zu einem Abschluss gebracht werden.[7] Im Juni 2021 stand der Tarifvertrag: Der Branchenmindestlohn umfasst die ganze Branche mit ihren ca. 180.000 Beschäftigten und wird über das Arbeitnehmerentsendegesetz für allgemeinverbindlich erklärt – er startete bei 11 € zum Jahresbeginn 2021 und steigt in Stufen bis Ende 2023 auf 12,30 €.[8]

Der abgeschlossene Tarifvertrag zur Leiharbeit erlaubt den Unternehmen der Fleischverarbeitung die Nutzung von Leiharbeit innerhalb der vom Gesetzgeber aufgestellten Obergrenzen. Es wurde aber keine Allgemeinverbindlichkeit angestrebt, weil es ausschließlich tarifgebundenen Unternehmen erlaubt sein soll, Leiharbeit im Rahmen des Tarifvertrages nutzen zu dürfen. Dies soll nach dem Willen beider Verhandlungsparteien die Arbeitgeberverbände stärken. Ist ein Unternehmen der Fleischverarbeitung gewillt, Leiharbeit zu nutzen, muss es Mitglied in einem der regionalen Arbeitgeberverbände sein. Ob dies wirklich zu einem Aufbau der Mitgliedschaft und zu einer dringend benötigten Stärkung der Arbeitgeberverbände in der Fleischwirtschaft führt, bleibt allerdings noch abzuwarten. Auch aus Sicht der Gewerkschaft NGG ist eine Stärkung der Arbeitgeberverbände immens wichtig, denn in der Vergangenheit scheiterten Verhandlungen über Tarifverträge auch daran, dass es keine durchsetzungsstarke Arbeitgebervereinigung gab, mit der ernsthafte und tragfähige Verhandlungen hätten geführt werden können.[9]

Ebenfalls wurde vereinbart, in einem zweiten Schritt neben einer Untergrenze für Löhne auch Mindestbedingungen für manteltarifvertragliche Leistungen wie Urlaubstage, Urlaubsgeld, Arbeitszeit zu verhandeln. Dieser Manteltarifvertrag soll allerdings nur für die Teilbranche Schlachten und Zerlegen gelten, die insgesamt den kleineren Teil der Gesamtbeschäftigtenzahl der Fleischwirt-

---

7 *Uhl/Bernhard/Sepsi/Specht* 2022, S. 329 ff.

8 *Specht/Schulten*, Mindestlohntarifvertrag in der Fleischwirtschaft, WSI-Blog, 14.6.2021.

9 Anm.: Zum Zeitpunkt des Verfassens dieses Beitrages im Herbst 2023 haben nur wenige Unternehmen die tarifliche erlaubten Regelungen zur Leiharbeit genutzt. Eine Stärkung der Arbeitgeberverbände hat somit nicht stattgefunden. Was dies aber auch bedeutet: Leiharbeit scheint für den ganz überwiegenden Teil der Fleischverarbeitungsunternehmen keine Rolle zu spielen.

schaft erfasst, allerdings die branchendominierenden Konzerne einschließt. Die Unternehmen der Fleischverarbeitung und der Geflügelschlachtung und -verarbeitung haben sich nach dem Abschluss des Mindestlohntarifvertrages schon wieder vom Weg der gemeinsamen Tarifverhandlungen zur Neugestaltung der Branche verabschiedet.

IV. 18 Monate Arbeitsschutzkontrollgesetz – eine Bilanz

Eine erste Bilanz, 18 Monate nach Inkrafttreten des Arbeitsschutzkontrollgesetzes, fällt positiv aus: Das Werkvertragsverbot scheint eingehalten zu werden. Auch die Leiharbeitsregelung scheint zu funktionieren – wenn man die Abwesenheit von Verdachts- oder dokumentierten Missbrauchsfällen als Maßstab nimmt. Die Arbeitszeit wird digital aufgezeichnet und ungesetzliche, überlange Arbeitstage scheinen ausgeschlossen. Durch die direkte Verantwortlichkeit der Unternehmen für alle ihre Beschäftigten wurden eine ganze Reihe an weiteren Maßnahmen angeregt: In den Konzernen und größeren Unternehmen wurden die Personalabteilungen aufgestockt um Menschen, die die Muttersprache der migrantischen Beschäftigten sprechen (v.a. rumänisch, aber auch polnisch, bulgarisch oder andere mittelosteuropäische Sprachen) und die Betriebsabläufe erleichtern sollen, aber auch schon früh bei Missverständnissen oder möglichen Konflikten vermitteln können. In einigen Fällen haben Unternehmen viel Geld in die Hand genommen, um die Wohnsituation der migrantischen Beschäftigten zu verbessern, es wurden Wohnungen renoviert und Mietverträge für die heruntergekommensten Häuser gekündigt. Es ist davon auszugehen, dass es mit der Zeit noch viele weitere Neuerungen in den Betrieben der Fleischwirtschaft geben wird, die darauf zurückgeführt werden können, dass die Verantwortung für die Beschäftigten nicht mehr an externe Dienstleister delegiert werden kann.

Das Ganze wird noch dadurch befeuert, dass in Deutschland ein harter Wettbewerb um Beschäftigte im Niedriglohnbereich ausgebrochen ist und auch die Betriebe der Fleischwirtschaft ihre Arbeitsbedingungen deutlich verbessern müssen, um migrantische Beschäftigte aus Mittelosteuropa zu halten und nicht an Amazon und Co. zu verlieren. Ob ein längerer Verbleib der migrantischen Beschäftigten in der Fleischwirtschaft gelingen kann, wird für die Unternehmen eine der zentralen Personalaufgaben der nächsten Jahre werden. Das aber hängt neben der notwendigen Verbesserung der Lebens- und Arbeitsbedingungen auch davon ab, ob und wie die migrantischen Beschäftigten in den

Betrieben Akzeptanz und echte Beteiligung, z.B. in den Mitbestimmungsgremien, erfahren werden.[10]

Der Kontakt von Beratungsstellen, allen voran die Faire Mobilität, aber auch KDA, Diakonie oder die von den Landesregierungen finanzierten Stellen wie „Arbeit und Leben“ zu den Beschäftigten ist engmaschiger geworden, die Vernetzung dieser Beratungsstellen mit der Gewerkschaft NGG, dem DGB und dem weiteren Umfeld aus meist örtlichen Unterstützerkreisen ist ausgebaut worden. Erstmals wieder sind Betriebsräte, die es längst nicht flächendeckend gibt in der Branche, für die Gesamtbelegschaft zuständig. Und nicht zuletzt ist im Bereich der Wissenschaft und des (investigativen) Journalismus dieser so ungewöhnliche Fall der deutschen Fleischwirtschaft wieder mehr in den Fokus gerückt. Auch das ist sehr wichtig, war es doch eine der Säulen des alten Geschäftsmodells der halblegalen Ausbeutung migrantischer Arbeitskräfte gewesen, abseits der Öffentlichkeit in der Schattenwelt zu agieren. Mit jeder öffentlichen Konferenz, jeder Interviewstaffel mit Betriebsräten, jeder Reportage wird den Unternehmensleitungen der Branche deutlich, dass eine neue Zeit angebrochen ist, in der jeder Fehltritt beobachtet wird.

V. Fazit und Ausblick

Jenseits der Besonderheiten dieser Industriebranche mit ihren 180.000 Beschäftigten weisen der gesetzliche Einschnitt und die hierdurch ausgelösten Dynamiken aber über die Grenzen der Fleischwirtschaft hinaus.

Von einem politischen Standpunkt aus lässt sich festhalten, dass der Vorgang um das ASKG zeigt, dass der Gesetzgeber in der Lage ist, wenn er denn willens ist, sich mit einer mächtigen Unternehmerlobby anzulegen. Umso bemerkenswerter, dass es die schwarz-rote Koalition war, die das ASKG durchgesetzt hat, im Parlament unterstützt durch die Fraktionen der Grünen und der Linken. Und entgegen den Behauptungen der Fleischlobby sieht es nicht danach aus, dass die deutsche Fleischwirtschaft nun vor dem wirtschaftlichen Aus steht. Das aber zeigt, dass es möglich wäre, auch in andere Wirtschaftsbranchen, in denen es schwere Verwerfungen und Missbräuche der Arbeitsschutzbestimmungen gibt – Erntehelfer*innen in der Landwirtschaft oder Zusteller*innen in der Paketbranche z.B. – harte gesetzliche Eingriffe möglich wären. Die Achillesferse des Ganzen ist die Frage der Kontrolle und hier ist der vielleicht wichtigste Handlungsbedarf, in Bezug auf das ASKG, aber auch darüber hin-

10 Vgl. hierzu auch *Birke* 2022. Das HSI hat aktuell zusammen mit dem WSI der Hans-Böckler-Stiftung eine interdisziplinäre Forschung angelegt, die die Auswirkungen des ASKG u.a. auf Mitbestimmungsmöglichkeiten der Beschäftigten untersuchen wird.

aus. Wenn die Unternehmensleitungen keinen Kontrolldruck spüren, fehlt oftmals die Veränderungsbereitschaft. Das Kontrollziel aus dem ASKG (5 % aller Betriebe eines Bundeslandes werden pro Jahr kontrolliert, was ab 2026 gilt) kann nur mit einer massiven Aufstockung und Ausbildung von Personal gelingen. Viel wäre aber auch schon gewonnen, wenn die Informationen, die bei unterschiedlichen Stellen liegen oder erhoben wurden, zwischen den Behörden ausgetauscht würden.

Das ASKG hat die Tarifvertragsparteien gestärkt und in eine Rolle versetzt, die von ihnen Bewegung verlangte, indem die Möglichkeit der Leiharbeitsnutzung für Unternehmen der Fleischverarbeitung (ausdrücklich nicht der Schlachthöfe) tarifdispositiv gestaltet wurde. Diese Leiharbeitsregel kann zur Stabilisierung der Mitgliedschaft in den Arbeitgeberverbänden und hoffentlich sogar zu ihrer Stärkung führen. Ein Branchenmindestlohn wurde abgeschlossen, ein Manteltarifvertrag für die Teilbranche Schlachten und Zerlegen wird aktuell verhandelt. Es bleibt da noch viel zu tun und das braucht Zeit. Aber die ersten Schritte zur Re-Regulierung der Branche wurden mit dem ASKG und durch seine spezifische Ausgestaltung auf den Weg gebracht. Im Jahr 2023 wird der Bundestag, wie im ASKG festgelegt, eine Evaluation des Gesetzes vornehmen – ein guter Zeitpunkt, um Bilanz zu ziehen und die Diskussion auf die Instrumente Werkvertrag, Leiharbeit und möglichen Missbrauch und wie dem begegnet werden kann, auszudehnen.

Vielleicht ist diese jüngste Regulierung der Arbeitsbeziehungen in der Fleischwirtschaft auch der Beginn einer Regulierung anderer Branchen und damit der dringend nötige Schritt, den Bereich der Prekarität und der gestörten Arbeitsbeziehungen in einigen anderen Niedriglohnbranchen anzugehen.

C. Mindestlohn und Tarifpolitik

Der zweite gesetzliche Eingriff, der einerseits Fakten schuf, aber damit auch neue Handlungsräume eröffnete, ist die Anhebung des gesetzlichen Mindestlohnes auf 12 € zum Oktober 2022. Diese Anhebung von 10,45 € auf 12 € – um 1,55 € oder knapp 15 % – ist nicht nur in Deutschland ein großer Einschnitt, sondern auch im europäischen Kontext beachtlich.[11]

---

11 Vgl. hierzu auch *Lübker/Schulten*, WSI-Mindestlohnbericht 2022, Aufbruch zu einer neuen Mindestlohnpolitik in Deutschland und Europa, WSI-Report Nr. 71, Februar 2022, S. 6.

Wir sehen dadurch eine interessante Entwicklung in denjenigen NGG-Branchen, die niedrige Einstiegsentgelte aufweisen. Das ist im Organisationsbereich der NGG eher die Dienstleistung (Bäckerhandwerk, Fleischerhandwerk und der ganze Bereich der Gastronomie) als die Lebensmittelindustrie und es sind eher Haustarifverträge als Flächentarifverträge.

Die meisten Tarifverträge bei der NGG beginnen mit Entgelten oberhalb der 12 € und haben mit der neuen Mindestlohnerhöhung direkt nichts zu tun. Bei einer weiteren Reihe von Tarifverträgen „überholt" der Mindestlohn von 12 € ab Oktober 2022 den untersten Einstiegslohn, hier haben wir in Tarifverhandlungen meist unkompliziert eine etwas größere Anhebung dieser einen Entgeltgruppe vereinbaren können, um einen Einstiegslohn oberhalb der 12 € zu vereinbaren.

I. Tarifverträge im Gastgewerbe

Interessant wurde es dort, wo gleich drei oder sogar vier Entgeltgruppen noch unterhalb der 12 € lagen – im Bereich der NGG zum Beispiel in den Ländertarifverträgen des Hotel- und Gastgewerbes. Hier hat allein die Ankündigung des neuen Mindestlohnes nach der Bundestagswahl 2021 dazu geführt, dass es nach einem langen, tarifpolitischen Stillstand seit Beginn der Coronapandemie wieder zur Aufnahme von Verhandlungen gekommen ist. Innerhalb weniger Monate wurden vom Herbst 2021 bis Frühjahr 2022 überall, zum Teil nach heftigen Auseinandersetzungen, neue Tarifverträge ausgehandelt.

Der Gewerkschaft NGG war es dabei wichtig, nicht nur den neuen gesetzlichen Mindestlohn als Untergrenze des Tarifrasters zu tarifieren. Tariflöhne müssen aus unserer Sicht immer oberhalb eines gesetzlichen Mindestlohnes liegen. Es stellte sich ein weiteres Problem: Wenn „unten" die Löhne deutlich steigen, dann passt das „alte Lohnraster" mit den Abständen der Entgeltgruppen zueinander nicht mehr. Also war es notwendig, das gesamte Entgeltraster zu verhandeln und anzupassen. Und das ist in den NGG-Branchen fast durchgehend sehr gut gelungen.

Zum Teil wurde das zum Anlass genommen, gleich noch die Entgeltstruktur komplett zu modernisieren und zu überarbeiten. Um bis zu 30 % steigen die Tarifentgelte in den Ländertarifverträgen für das Gastgewerbe, so haben es NGG und die Landesverbände des DEHOGA beschlossen. Dabei hat es auch geholfen, dass der große Mindestlohnsprung in eine Zeit fällt, in der v.a. auch im Niedriglohnsegment ein harter Kampf um Arbeitskräfte herrscht. Das Gastgewerbe hat darüber hinaus seit Beginn der Pandemie, der zu teils monatelangem Lockdown geführt hat, Hunderttausende Arbeitskräfte an andere Branchen verloren. Doch auch wenn es sicherlich unterstützt hat, dass es zu diesen

Tarifabschlüssen im Gastgewerbe kommen konnte – ein Selbstläufer war dies nicht. Es brauchte die Verhandlungsparteien und ihre Autonomie, für die neue Vorgabe, den neuen Mindestlohn von 12 €, eine Übersetzung in die jeweiligen Tarifraster der einzelnen Ländertarifverträge zu finden.

So gibt es unter den Tarifabschlüssen sehr unterschiedliche Arten der Tarifanhebung: Festbetragserhöhungen oder gleiche, prozentuale Erhöhungen für alle, dann auch jeweils unterschiedliche Anhebungen je Entgeltgruppe, bis hin zu Neuformulierung der gesamten Eingruppierungssystematik. Dass es in den 18 Ländertarifverträgen des Gastgewerbes sehr unterschiedliche Antworten auf das „Problem Mindestlohn 12 €" gibt, zeigt, dass die Tarifautonomie durch den neuen Mindestlohn gestärkt wurde und auf beide Verhandlungsparteien einen Druck ausgeübt hat, der zu einer konstruktiven Verhandlungsdynamik geführt hat. Im Ergebnis steht eine Aufwertung der Tarifentgelte einer ganzen Branche von bis zu 30 %, eine Anhebung der kompletten Entgeltraster, von der alle Beschäftigtengruppen profitieren.[12] Angesichts eines schwachen Organisationsgrades der DEHOGA-Verbände und der in einigen Landesverbänden existierenden Möglichkeit für Unternehmen, Mitglied im Arbeitgeberverband zu werden, ohne die ausgehandelten Tarifverträge anwenden zu müssen (OT-Mitgliedschaft) ist aber zu befürchten, dass nicht die gesamte Branche und nicht alle Beschäftigten von den Tarifabschlüssen profitieren werden.

II. Tarifautonomie und Mindestlohn

Dass der Mindestlohn die Tarifautonomie angreifen würde, wie von Kritikern eines Mindestlohnes von 12 € lautstark behauptet wurde, können wir für das Gastgewerbe nicht sehen – und übrigens auch nicht für alle anderen Branchen, für welche die NGG zuständig ist.

Auch das Überstimmen der Empfehlungen der Mindestlohnkommission, die ja bis Ende 2022 einen Mindestlohn von 10,45 € empfohlen hatte, durch den Bundestag, ist kein Eingriff in die Tarifautonomie – hier wird bewusst mit Nebelkerzen geworfen: Die Treffen der Mindestlohnkommission sind keine Tarifverhandlungen. Kann die Gewerkschaftsseite die Beschäftigten zu Streiks aufrufen, um in der Mindestlohnfrage Druck zu erzeugen? Nein.

Es gibt überdies einen engen Rahmen, in dem sich die Kommission mit ihrer Empfehlung bewegt. Die Kommission ist von der Politik eingesetzt worden und selbstverständlich hat die Politik das Recht und die Aufgabe, die Frage ei-

12 Eine ausführliche Analyse der Gastgewerbe-Tarifabschlüsse in *Schulten/Specht*, Tarifpolitischer Aufbruch im Gastgewerbe?, WSI-Tarifarchiv Nr. 91, Juli 2022, S. 3.

nes gesetzlichen Mindestlohnes, seine Höhe, die Art und Weise, wie er gefunden wird, zu bestimmen oder die einmal getroffenen Regelungen wieder zu ändern.[13]

Die Tarifautonomie ist dadurch sicher nicht gefährdet, sondern dort, wo Unternehmen sich bewusst aus dem Aushandlungssystem verabschieden, durch Tarifflucht, Austritt aus den Verbänden, OT-Mitgliedschaften und durch *Union Busting*.

Spannend wird es zu sehen, ob der Anstoß, den der höhere Mindestlohn gegeben hat, zu einer einmaligen deutlichen Aufwertung der Entgelte in den Tarifverträgen im Niedriglohnbereich führt, oder ob sich dies in eine länger anhaltende Phase zu deutlich überproportionalen Entgeltsteigerungen auch in den kommenden Tarifverhandlungen umsetzen lässt. Dafür wieder wird es entscheidend sein, diese Dynamik von staatlich gesetztem Mindestlohn – für den politisch gestritten werden muss – und der gewerkschaftlichen Tarifarbeit – Branche für Branche, Unternehmen für Unternehmen – offensiv und konstruktiv zu nutzen und zu gestalten.

Literatur

Birke, Peter, Grenzen aus Glas. Arbeit, Rassismus und Kämpfe der Migration in Deutschland, 2022.

Bispinck, Reinhard, 12 Euro Mindestlohn: Wer profitiert, was bleibt zu tun? Gegenblende vom 24.01.2022, abrufbar unter: *https://gegenblende.dgb.de/artikel/++co++18ee41ba-7cf6-11ec-a8ca-001a4a160123* (zuletzt abgerufen am 16.3.2023)

Erol, Serife/Schulten, Thorsten, Neuordnung der Arbeitsbeziehungen in der Fleischindustrie. Das Ende der „organisierten Verantwortungslosigkeit?", WSI-Report Nr. 61, Oktober 2020, abrufbar unter: *https://www.boeckler.de/pdf/p_wsi_report_61_2020.pdf* (zuletzt abgerufen am 16.3.2023)

Faire Mobilität, Ein wirksamer Schritt. Ein Jahr Arbeitsschutzkontrollgesetz in der Fleischindustrie – eine erste Bilanz, April 2022, abrufbar unter: *https://www.faire-mobilitaet.de/fleischindustrie* (zuletzt abgerufen am 16.3.2023)

Lübker, Malte/Schulten, Thorsten, WSI-Mindestlohnbericht 2022. Aufbruch zu einer neuen Mindestlohnpolitik in Europa, WSI-Report Nr. 71, Februar 2022, abrufbar unter: *https://www.wsi.de/de/faust-detail.htm?sync_id=HBS-008254* (zuletzt abgerufen am 16.3.2023)

Schulten, Thorsten/Specht, Johannes, Ein Jahr Arbeitsschutzkontrollgesetz. Grundlegender Wandel in der Fleischindustrie? Aus Politik und Zeitgeschichte (APuZ) Nr. 51–52/ 2021, S. 36–41 abrufbar unter: *APuZ 51–52/2021: Fleisch (bpb.de)* (zuletzt besucht am 16.3.2023).

13 Anm.: Dieser Beitrag ist vor der jüngsten Entscheidung der Mindestlohnkommission (Juni 2023) verfasst worden. Die Frage zur Bedeutung der EU-Mindestlohnrichtlinie und die Vorgänge um die Empfehlung der Mindestlohnkommission für Jahre – das Übereinstimmen der Gewerkschaftsseite in der Kommission und die Empfehlungen für 2024 (12,41 Euro) und 2025 (12,82 Euro) – können hier nicht weiter ausgeführt werden

Schulten, Thorsten/Specht, Johannes, Tarifpolitischer Aufbruch im Gastgewerbe? WSI-Analysen zur Tarifpolitik, Nr. 91, Juli 2022, abrufbar unter: *https://www.wsi.de/fpdf/HBS-008366/p_ta_analysen_tarifpolitik_91_2022.pdf* (zuletzt abgerufen am 16.3.2023)

Specht, Johannes/Schulten, Thorsten, Mindestlohntarifvertrag in der Fleischwirtschaft, WSI-Blog, 14.06.2021, abrufbar unter: *https://www.wsi.de/de/blog-17857-mindestlohntarifvertrag-in-der-fleischwirtschaft-33525.htm* (zuletzt abgerufen am 16.3.2023)

Uhl, Susanne/Bernhard, Thomas/Sepsi, Szabolcs/Specht, Johannes, Willkommen im neuen Fleischzeitalter!? Wie Corona, jahrelanges Engagement Vieler und am Ende beherzte Minister die deutsche Fleischindustrie umbauten – eine erste Bilanz, in: Schmitz, Christian/ Urban, Hans-Jürgen (Hrsg.): Jahrbuch Gute Arbeit. Arbeitspolitik nach Corona. Probleme – Konflikte – Perspektiven, Frankfurt am Main 2022.

In der Schriftenreihe des Hugo Sinzheimer Instituts für Arbeits- und Sozialrecht sind zuletzt erschienen:

Band 51 Uwe Fuhrmann
Frauen in der Geschichte der Mitbestimmung – Pionierinnen in Betriebsräten, Gewerkschaft und Politik
ISBN 978-3-7663-7344-1

Band 50 Wolfram Cremer/Olaf Deinert
Fremdpersonalverbot in der Fleischwirtschaft auf dem Prüfstand des Verfassungsrechts
ISBN 978-3-7663-7367-0

Band 49 Wolfgang Däubler
Klimaschutz und Arbeitsrecht
ISBN 978-3-7663-7366-3

Band 48 Reingard Zimmer
Das Lieferkettensorgfaltspflichtengesetz
ISBN 978-3-7663-7312-0

Band 47 Peter Stein
Das kirchliche Selbstbestimmungsrecht im Arbeitsrecht und seine Grenzen
ISBN 978-3-7663-7295-6

Band 46 Bernd Waas
Künstliche Intelligenz und Arbeitsrecht
ISBN 978-3-7663-7294-9

Band 45 Victoria Koch-Rust/Gabriele Rosentreter
Rechtsstellung Dual Studierender
ISBN 978-3-7663-7287-1

Band 44 Michael Kittner/Ernesto Klengel
Die Entstehung des Kündigungsschutzgesetzes
ISBN 978-3-7663-7284-0

Band 43 Thomas Klein/Daniel Klocke/Monika Schlachter
Standort- und Beschäftigungssicherung in Tarifverträgen und Betriebsvereinbarungen
ISBN 978-3-7663-7279-68

Band 42 Achim Seifert
Kollektivverträge für wirtschaftlich abhängige Selbständige und unionsrechtliches Kartellverbot
ISBN 978-3-7663-7220-8

Weitere Informationen zur Schriftenreihe:
www.hugo-sinzheimer-institut.de